상식으로 꼭 알아야 할 회사의 회계 이야기

DEKIRU SHACHOU HA OSAETEIRU! KAISHA NO KAIKEI

by Shougo Noguchi

Copyright © 2009 by Shougo Noguchi. All rights reserved.

Original Japanese edition published by SHOEISHA Co.,Ltd.

KOREAN translation rights arranged with SHOEISHA Co.,Ltd.

in care of TUTTLE-MORI AGENCY, INC, Tokyo through PLS AGENCY, Seoul.

Korean translation copyright © 2009 by SAMYANG MEDIA, Korea.

상식으로 꼭 알아야 할

회사의 회계 이야기

노구치 쇼고 지음 | PLS 역

㈜ 삼양미디어

머리말

회사란 무엇인가? 당신이 매일 아무 생각 없이 출근하고 있는 회사는 어떤 구조로 이루어져 있는가? 자신의 부서뿐만 아니라 경영자는 회사를 어떻게 경영하고 있는가? 만일 내가 회사를 설립한다면 어떤 것을 알고 있어야 할까?

이 책은 전문서가 아니다. '회사의 전체적인 흐름을 쉽게 알고 싶어.', '회사의 돈은 누구의 것이지?', '거래처에서 이런 일이 일어났는데 도대체 그게 무슨 일이야?', '회계에 대해 알고 있으면 거래처와의 사이도 더 원만해질 텐데…….', '회사를 설립해야 하니 공부를 좀 해 둬야겠어.' 하고 생각하는 분들을 위해 알기 쉽게 설명해 주려고 노력했다.

회사를 운영하면 세금을 비롯하여 잡다하게 처리해야 할 회계적인 금전 문제가 많다. 조금만 알아두면 세금을 줄일 수도 있고 그렇지 못할 수도 있으며, 손익을 명확하게 파악할 수도 있고 그렇지 못할 수도 있다.

회계란 접해 보지 않은 사람에게는 무척이나 어렵게 느껴지는 분야일지도 모른다. 그러나 회계란 모든 회사에 관계되는 무척 중요한 분야임에 틀림없다.

여러분이 회사를 경영하는 데 있어서나 회사에서 일을 하는 데 있어서 이 책이 활용되어 회사와 자신에게 도움이 되었으면 좋겠다.

부디 이 책이 여러분에게 좋은 참고서가 되길 바라면서…….

노구치 쇼고

차례 CONTENTS

제1장 '회사'와 '돈'의 관계를 정확히 이해한다

- 01. '회사'란 무엇인가? _012
- 02. 회계란 도대체 무엇인가? _016
- 03. '회사'의 '돈'은 누구의 것인가? _020
- 04. 주주는 누구인가? _024
- 05. 주주는 무엇으로 이익을 얻는가? _027
- 06. 회사의 자금은 어디로부터 조달받는가? _030
- 07. '사장'과 '대표이사'는 어떻게 다른가? _036
- 08. 사장의 월급은 누가 결정하는가? _038
- 09. 도산이란 결국 어떤 상태를 말하는가? _040
- 10. '흑자도산'은 왜 일어나는가? _046

제2장 회사의 언어 – 재무제표를 이해한다

- 01. 귀찮은 '결산'은 왜 하는가? _052
- 02. '재무제표'란 도대체 무엇인가? _056
- 03. '포괄손익계산서'의 핵심 요점을 이해하자. _058
- 04. '재무상태표'의 핵심 요점을 이해하자. _062
- 05. '현금흐름표'의 핵심 요점을 이해하자. _068
- 06. '변동손익계산서'의 핵심 요점을 이해하자. _070
- 07. '발생주의'를 이해하자. _072
- 08. '회계기간'은 1년이 아니어도 괜찮은가? _074
- 09. '분식회계'란 무엇이며, 왜 일어나는가? _076

제3장 '경영 분석'과 '회계 지표'를 보는 안목은 비즈니스의 기본이다

01. '경영 분석'의 기본관점은 4가지!_082
02. 시계열로 분석하는 '기간 분석'_084
03. 재무 상태가 괜찮은지를 파악하는 '안전성 분석'_086
04. 돈을 버는 능력이 어느 정도인가를 파악하는 '수익성 분석'_090
05. 1인당 가치를 생각하는 '생산성 분석'_092
06. 이 사업의 '손익분기점'은 어디인가?_094
07. '경영 성적'을 올리기 위해서는 어떻게 해야 하는가?_098
08. '노동분배율'과 직원의 월급과의 관계는 무엇인가?_100
09. 가난한 회사의 '자산'에 주의하라!_102
10. '자사 건물'을 구입한 사장은 현명하지 못하다?_108
11. 팔릴 것 같지 않은 상품은 어쩔 수 없이 처분해야 한다?_112
12. 수익을 내지 못하는 골프장은 그대로 내버려 두는 편이 나은가?_116

제4장 찜찜했던 것이 한번에 해결된다! '세금'과 '경리'의 비밀

01. '법인세'는 얼마나 납부하고 있는가?_122
02. 법인세는 무엇에 대해 부과되는가?_124
03. 회사가 내야 할 세금은 법인세 이외에도 많다._128
04. 나도 모르게 빠져나가는 '소득세 원천징수'_130
05. 회사에서 납부하는 부가가치세는 어떻게 계산되고 있는가?_134
06. '탈세'를 하면 어떻게 되나?_138
07. '감가상각'을 이해하자._140

차례 CONTENTS

08. 리스를 하는 것이 사는 것보다 이익인가?_142
09. 결산 보너스! 우리 사장님은 통이 크다?_144
10. 사장님의 고급 승용차로 세금을 아낄 수 있을까?_146
11. 사장님의 높은 월급을 세금 대책이라고 할 수 있을까?_148
12. 사장님이 기뻐할 '접대비'의 사용법!_152
13. 사원여행은 아무리 호화스러워도 괜찮다?_156
14. 사택의 세금 처리는 어떻게 해야 하는가?_158
15. 봉급생활자가 모르면 손해 보는 연말정산과 확정신고_160

제5장 '회사의 가치'는 어떻게 결정되는가?

01. '주식'은 왜 거래 대상인가?_166
02. '회사의 가치'는 '언제', '누가' 책정하는가?_170
03. 회사의 가치를 결정하는 요소는 단 3가지다!_176
04. '회사의 가치'를 책정하는 방법을 살짝 알아보자._182
05. '회사의 가치'는 몇 가지로 나뉜다._189
06. '회사의 가치'를 높이기 위해서는?_194
07. '회사의 가치'는 상대적인 것이다._200
08. '회사의 가치'를 높인다는 것은 무엇을 높인다는 것일까?_206
09. '회사의 가치'는 낮은 편이 좋을 때도 있다._214
10. 절세는 회사의 가치를 높인다?_218
11. 자사 건물을 구입하면 회사의 가치가 올라간다?_222
12. 자사 주식의 매입이 회사의 가치를 높여 준다는 것은 사실일까?_228

제6장
창업을 하거나 회계 공부를 하려는
모든 분들께 도움 되는 지식

01. 회사를 설립하면 무엇이 좋은가?_236
02. 자본금은 얼마가 적당한가?_238
03. 회사 임원은 어떻게 구성하나?_242
04. 법인회사 설립은 어떻게 하는가?_244
05. 자택도 경비로 처리할 수 있을까?_248
06. 개인기업에서 법인으로 전환할 때 세금을 면제받는 비밀_250
07. 생명보험으로 세금을 절약할 수 있을까?_252
08. 작은 회사에서도 '예산 편성'이 중요한 이유_254
09. 금융기관이 융자해 주기를 꺼리는 회사란?_256
10. '회계' 전문가는 어떤 일은 하는가?_258
11. 부기란 무엇인가?_260

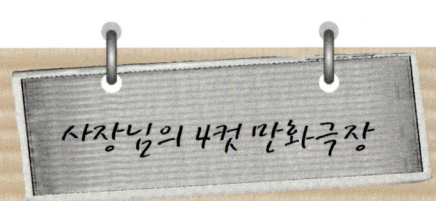

■ 사장의 월급은 누가 결정하는가? (1-08) ➜ p.38

제  장

'회사'와 '돈'의 관계를 정확히 이해한다

회사, 회계, 자본 등 모두가 귀에 익숙한 말이지만, 만약 누군가로부터 '그게 뭐야?'라고 질문을 받는다면 제대로 대답할 수 있는가? 사실 '자금 운용'과 '도산'이라는 말도 많이 듣긴 했는데 정확히 이해하고 있는 사람이 많지 않다. 제1장에서는 회사와 돈의 구조에 대해 알아보도록 하자.

'회사'란 무엇인가?

⋯✥ '회사'의 종류를 이해하자.

∷ 회사는 등기를 해야 비로소 '회사'가 된다.

회사의 회계를 이해하기 위해서 먼저 회사에 대해 알아보도록 하자.

'회사'란 무엇인가? 회사가 '개인'과 다르다는 사실은 이미 알고 있으리라고 생각한다. 그러나 '단체'가 곧 '회사'는 아니다. 회사란 우선 법률의 규정에 의해 사람과 같은 권리와 능력을 부여받은 단체 즉, 법인이어야 한다.

법인은 '사람'은 아니지만 법률에 의해 사람처럼 취급되는 권리의 주체를 의미한다. 예를 들어, 법인 명의로 은행에 계좌를 개설할 수도 있고, 영수증의 수취인을 법인 명의로 할 수도 있다.

법인격을 가지는(=법인으로 신고해서 인정받은) 곳 중에서 회사로 신고하는 곳이 회사가 된다. 법인(권리의 주체)인 회사는 대표자의 소유물이 아니라 그 자체가 권리의 주체로서 활동할 수 있는 것이다.

여러 종류의 회사 중에서도 가장 알기 쉬운 것이 회사법에 규정되어 있는 주식회사이다. 오른쪽 통계표에서도 알 수 있듯이 우리나라 회사의 대부분(96% 이상)은 주식회사이다.

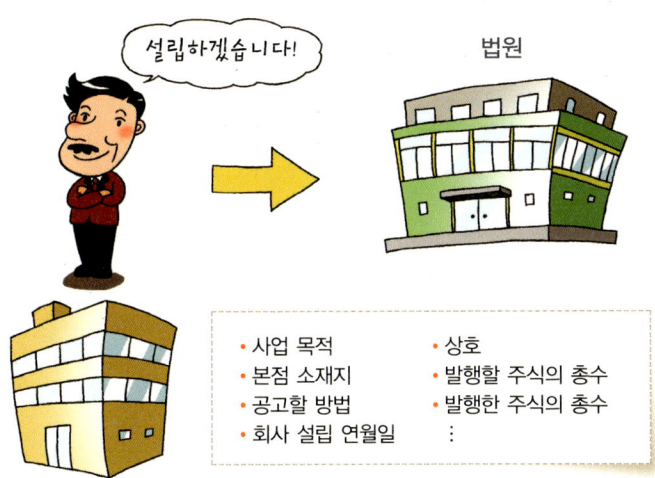

회사법인 자본금 규모별 분류

(단위: 개)

구분	자본금 규모별 회사법인 수					합계	구성 비율
	5천만 원 이하	5천만 원~1억 원	1억 원~5억 원	5억 원~10억 원	10억 원 이상		
주식회사	2,844	71,242	64,282	10,886	10.364	159,618	96.40%
유한회사	1,184	1,318	1,620	246	152	4,520	2.70%
합자회사	116	514	347	56	32	1,065	0.60%
합명회사	54	120	114	30	–	318	0.20%
합계	4,198	73,194	66,363	11,218	10,548	165,521	
구성 비율	2.50%	44.20%	40%	6.80%	6.40%		

〈자료〉 통계청 2005년 자본금 규모 및 회사법인 유형별 분류

- 법원에 등기를 해야 비로소 회사가 된다.
- 우리나라 법인회사의 대부분은 주식회사이다.

∷ 여러 종류의 '회사'를 이해하자.

주식회사의 경우 출자자가 자본을 출자하고 출자한 만큼 주식을 받아 주주가 된다. 즉, 출자자를 주주라고 하며, 주주는 투자액 이상의 채무에 책임을 지지 않아도 되는 유한책임을 지게 된다. 유한책임이란 만약 회사가 도산했을 경우 자신이 출자한 금액까지만 책임지는 것을 말한다. 반대로 무한책임은 자신이 출자한 금액을 넘어서더라도 회사의 모든 채무에 책임을 져야 한다.

지분(持分)
공유 관계에서 공유자가 가지는 몫 및 사단법인 구성원의 몫

회사법(會社法)
회사법은 상법의 일부분으로 회사의 조직과 운영에 관한 법을 말한다. 실질적 의미의 회사법에는 회사에 관한 사법 법규뿐 아니라, 이와 기능적으로 밀접한 관계에 있는 공법 법규도 포함된다.

'지분*회사'라는 말을 들어본 적이 있는가? 지분회사에는 '합명회사', '합자회사', '유한회사'의 3종류가 있다. 이 회사들의 공통된 특징은 주주가 없으며, 지분회사의 출자자를 일반적으로(헷갈리기 쉽지만) '사원'이라고 한다.

말하자면 회사란 개인이 아니라 법인격을 가지는 조직 중에서 주식회사, 유한회사, 합명회사, 합자회사와 같이 법률의 규정에 의해 신고를 한 조직을 말한다.

그러나 **회사법*** 이외의 법률에 의해 설립된 협동조합, 학교법인, 의료법인, 농업법인, 종교법인, 감사법인, 세무사법인, 사회복지법인 등도 일반적으로는 '회사'라고 부른다.

- 회사에도 여러 종류가 있다.
- 통칭 '회사'라고 불리는 곳도 있다.

주식회사란?

주식회사   주주

• 낸 돈만큼만 책임을 진다.

칼럼 Column

● 회사의 종류에 따른 차이점은 무엇인가? ●

합명회사, 합자회사, 유한회사, 합동회사의 차이점은 경영자의 책임이 서로 다르다는 것이다. '합명회사'는 전 경영자가 무한책임이라는 막중한 책임을 지게 되는 기업 형태이다.

'합자회사'는 무한책임을 지는 사원과 유한책임을 지는 사원이 출자자로 조직되는 기업 형태이다. 기업 경영은 무한책임을 지는 출자자가 담당하고, 유한책임을 지는 출자자는 출자에 따른 이익의 분배만 받는다.

그리고 유한회사는 50명 이하의 유한책임 사원으로 구성되는 기업 형태로, 주식회사보다 설립이나 조직 절차가 간편하여 중소기업에서 많이 볼 수 있는 회사 형태이다.

'합동회사'는 모든 경영자가 유한책임을 지는 사원으로 구성되는데, 미국을 비롯한 유럽과 일본 등에서는 합동 회사의 설립이 많아지고 있는 추세이다. 주식회사는 출자한 금액에 따라 배당금을 받을 권리가 생기지만, 합동회사의 경우에는 이익 배당 비율이 투자액에 비례하지 않을 수도 있다. 예를 들어, 스폰서인 투자자와 노하우와 전문 지식을 갖고 있는 기술자가 합동으로 회사를 설립해서 양자가 균등하게 배당을 받으려고 하는 경우가 있다. 이렇듯 투자금액에는 차이가 있으나 배당받는 비율을 각각 50%로 동일하게 하려고 할 경우에는 '합동회사'가 적합하다고 할 수 있다.

02 회계란 도대체 무엇인가?

⋯▸ 가계와 기업회계의 의미를 이해하자.

∷ 가계도 기업회계도 모두 '회계'이다.

회사의 회계에 관해 이야기하기 전에 먼저 '회계'에 대해 알아보도록 하자. '회계'란 무엇인가? 회계란 화폐를 단위로 금전과 물건의 출납을 기록하고 계산하여 관리하는 것을 말한다. 기업에 대한 회계를 기업회계라 하고, 가정에서 이루어지는 회계를 가계라고 한다. 이 책에서 설명하고 있는 것은 회사의 회계, 즉 기업회계이다.

그렇다면 회계는 왜 필요한 것일까? 그것은 회계를 통해 얻어진 정보를 바탕으로 의사를 결정하기 위해서이다.

가계를 예로 들어 보자. 봉급생활자의 수입은 일반적으로 월급이 전부이다. 한편 지출에는 집세, 주택 할부금, 수도세, 전기세, 교육비, 식비, 각종 할부금, 오락비 등 여러 가지가 있다. 이런 지출을 생각하지 않고 돈을 쓰다 보면 수입보다 지출이 더 많아지게 되고, 할부금을 내지 못해 결국에는 가계를 유지할 수 없게 될 것이다.

가계의 목적은 회계를 이용해서 수입과 지출의 균형이 무너지지 않도록 하여 가계의 파산을 막고, 수입이 많아서 여유자금이 생겼을 경우에는 투자를 설계하거나 자산을 구입하는 것이라고 할 수 있다. 일반적으로 가계에 관련되는 사람은 가족과 금융기관, 약간의 채권자·채무자(➜ p.44) 등 범위가 넓지 않다.

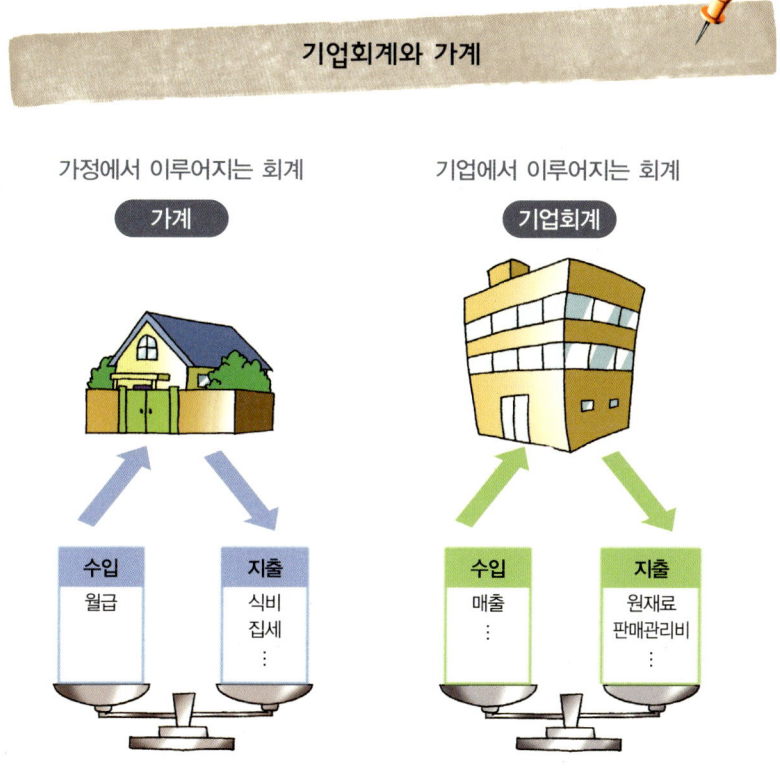

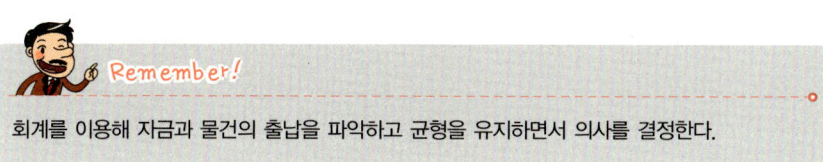

회계를 이용해 자금과 물건의 출납을 파악하고 균형을 유지하면서 의사를 결정한다.

∷ 기업을 둘러싼 이해관계자에게 정보를 제공한다.

한편, 기업회계(=회사의 회계)의 경우 관련되는 사람의 수가 많아진다. 따라서 기업은 주주, 금융기관, 주요 거래처, 물품 구매처, 사원 등 기업과 관계가 있는 대상에게 많은 정보를 제공해야 한다.

또한 회사의 상황을 정확하게 파악하기 위해서는 경영자 자신 또한 회계에 대해 올바로 알아두어야 한다. 경영자가 정확한 회계를 통해 회사의 상황을 파악하면 회사가 도산하는(→ p.40) 것을 막을 수 있기 때문이다.

투자자는 그 회사가 좋은 회사인가, 그렇지 않은가? 회사가 돈을 벌고 있는가? 배당을 받을 수 있을까? 망하지는 않을까? 등과 같은 여러 가지 점을 종합적으로 판단해서 투자를 결정한다.

이때 회계로부터 얻어지는 정보 없이는 투자를 결정할 수 없을 것이다. 금융기관도 그러하다. 최근에는 물품 구매처 또한 마찬가지다. 회계 정보를 통해 그 회사가 구매 대금을 제대로 지불할 능력이 있는가, 얼마 정도까지의 금액이라면 거래해도 괜찮은가 등을 판단하는 회사가 늘고 있다.

∷ 중세 프랑스에서는 장부를 제대로 정리하지 않은 회사가 망했을 경우 그 경영자를 사형에 처했다!

이렇듯 회계에 대해 정확하게 알아두는 것은 상품 매매와 자산 증가의 절대 조건이 된다. 회계를 정확히 해 두지 않으면 주변의 이해관계자에게 손해를 입히게 되고, 경영자 자신 또한 잘못된 판단에 의해 도산 또는 파산을 할 가능성이 높아진다.

인간으로 비유하자면 회계란 건강 검진과도 같은 것이다. 정확한 판단에 근거해서 적절한 건강 관리와 치료를 받는 것이야말로 건강한 몸을 유지할 수 있는 비결이라고 할 수 있다.

참고로 중세의 프랑스에서는 회사가 자주 도산을 했다고 한다. 도산으로 인해 채권자에게 커다란 손해를 입혔다고 하자. 이 경우 조사에 의해 만일 그 회사가 확실하게 장부를 적고 있지 않았다는 것이 발각되면, 그 회사의 사장은 사형에 처해졌다. 이렇듯 예로부터 회계를 이용한 도산 방지 정책이 행해졌다는 것은 당시부터 그 효과를 인식하고 있었기 때문임에 틀림없다.

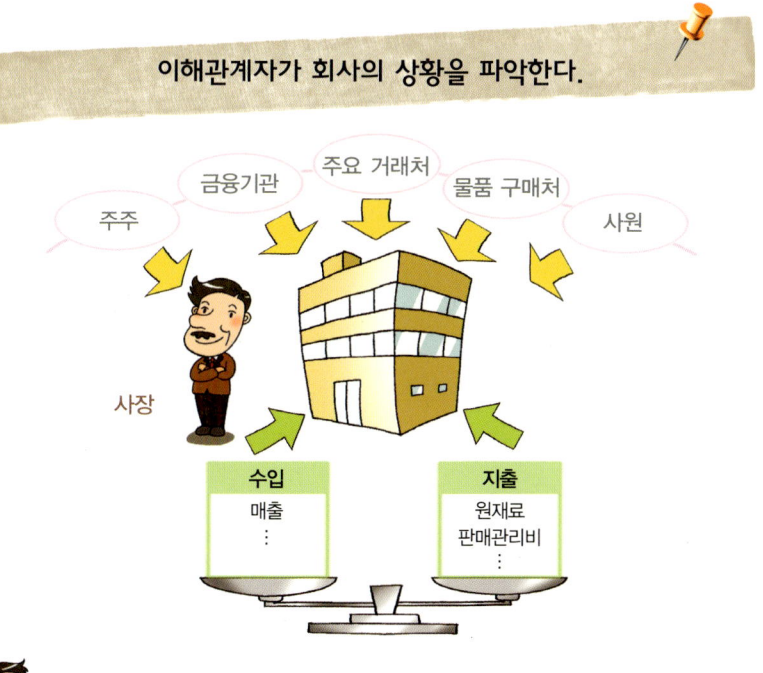

정확한 회계 정보는 회사를 둘러싼 여러 이해관계자뿐만 아니라 경영자 자신에게도 필요하다.

03 '회사'의 '돈'은 누구의 것인가?

∙∙∙➤ 사장의 것은 아니다!

▪▪ 사장도 회사의 돈은 자유롭게 쓸 수 없다.

앞서 회계 부분에서는 회사의 수입과 지출의 균형 있는 관리, 즉 '회사의 돈'의 관리에 대해 설명하였다. 회사의 돈은 누구의 것인가? 이것은 매우 중요한 문제이다. 그러나 그 대답은 무척 간단하다! 회사의 돈은 바로 회사의 것이다. 회사의 돈이 사장의 것이라고 생각하는 사람도 있을 것이다. 사람들이 그렇게 오해하고 있는 이유는 대부분의 중소기업에서 경영자 자신이 **경리*** 와 **총무*** 기능을 총괄하고 있고, 그 내역을 사원에게 투명하게 밝히고 있지 않기 때문이다.

만약 사장이 회사의 돈을 자신이 사용하고 싶은 만큼 마음껏 사용하거나 자신의 지갑 안에 들어 있는 돈이 회사의 돈인지 자신의 돈인지조차 구별하지 못한다면 어떨까?

이런 일은 절대로 일어나서는 안 된다. 만일 사장이 회사의 돈과 개인의 돈을 구별하지 못한다면 그 회사의 미래는 불안해질 수밖에 없다. 당연히 그 회사의 사원은 더욱 불안해질 것이다. 회사의 돈은 사장의 것이 아니다.

경리(經理)
① 일을 경영하고 관리함.
② 어떤 기관이나 단체에서 물자의 관리나 금전의 출납 등을 맡아보는 사무. 또는 그 부서나 사람.

총무(總務)
어떤 기관이나 단체의 전체적이며 일반적인 사무. 또는 그 일을 맡아보는 사람.

그렇다면 회사의 돈은 **주주***의 것일까? 그것도 아니다. 주주는 배당을 받거나(→ p.27) 주주총회에서 의견을 제시하거나 경영자를 교체할 권리는 갖고 있으나 회사의 돈 자체를 사용할 권리는 갖고 있지 않다.

그렇다면 은행의 것일까? 그렇지 않다. 정기 예금을 담보로 돈을 빌리는 회사가 있기는 하지만 그것은 차입금의 보증일 뿐 돈의 소유자는 어디까지나 회사이다.

주주(株主)
주식을 가지고 직접 또는 간접으로 회사 경영에 참가하고 있는 개인 및 법인을 말한다. 주주가 되려면 그 회사의 명부에 성명, 주소 등을 기재하여 명의개서를 해야 한다.

:: 회사에 있어서 중요한 체크 기능

회사의 돈이 회사의 것이라는 것은 이미 앞에서 설명하였다. 그렇다면 실제로 그것을 사용하는 사람은 누구인가? 상장기업의 경우 내부 통제 기능(체크 기능)이 잘 실행되고 있기 때문에 사원은 물론이고, 사장도 큰 액수의 돈을 함부로 사용할 수 없다. 이런 큰 액수의 돈은 **이사회**[*]를 열어 승인을 얻거나 **주주총회**[*]에서 승인을 받고 나서야 비로소 사용할 수 있게 된다.

이사회(理事會)
이사에 의하여 구성되어 회사의 업무집행에 관한 사항을 결정하는 기관

주주총회(株主總會)
주식회사의 주주들이 모여 회사에 대한 의사를 결정하는 최고 기관

그렇다면 중소기업과 영세기업의 경우는 어떨까?

중소기업이나 영세기업의 경우 사장 혹은 그 신분에 준하는 사람이 회사의 돈을 자유롭게 사용하는 경우가 많을지도 모른다. 사장이 벤츠를 사고 싶으면 회사의 매출이 다소 좋지 않더라도 당연히 살 것이다. 사장은 개인 별장을 회사의 돈으로 구입하기도 하고, 개인적인 소비를 하기도 한다.

그렇다면 그것을 막을 수 있을까? 사실상 막을 수 없다. 이런 이유에서 '회사의 돈은 사장의 것'이라고 하는 오해가 생기게 된 것이다.

사장은 올바른 경영을 통해 회사의 돈을 늘려서 사원과 협력 업체 등의 생활을 유지시켜 주어야 한다는 사실을 잊어서는 안 된다. 특히 중소기업의 경영자는 경영에 자유로운 반면, 주위 환경에 미치는 영향력 또한 막대하다는 점을 인식하여 경영에 임하는 자세가 필요하다.

회사의 돈을 늘리는 것도 줄이는 것도 경영자인 사장의 자질과 능력에 달려 있다. 회사의 돈은 회사의 것이다. 당신의 회사에 금고는 있는가?

- 회사의 돈은 사장이나 주주, 은행 등의 것이 아니다.
- 회사의 돈은 회사의 것이다.

● 전체 회사의 반 이상이 종업원 수 5~9명 이하인 우리나라 ●

우리나라 기업은 종업원 수 5~9명인 기업이 절반을 차지하고 있다. 중소기업법에서는 상시 종업원 수 20명을 기준으로 중소기업을 분류하고 있으나, 통계청에서는 아래 도표와 같이 종업원 수 5~99명(220,282개사)을 소기업, 종업원 수 100~299명(14,107개사)을 중기업으로 분리함에 따라 그 기준으로 본다면 우리나라 총 중·소기업 수는 234,389개사이다.

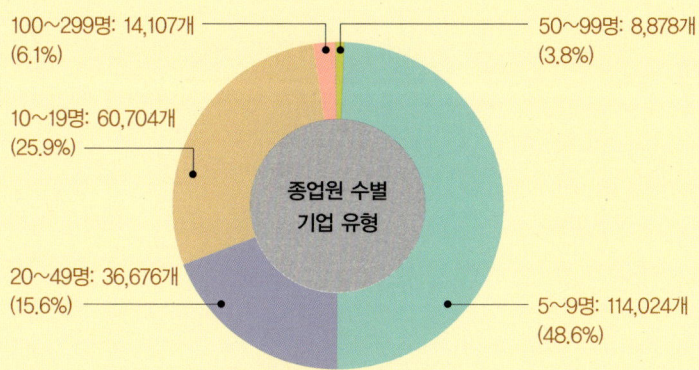

〈자료〉 통계청 2007년 기업 유형 발표 수치

중소기업이란?
　자본금, 종업원 수, 총자산, 자기자본 및 매출액 따위의 규모가 대기업에 비하여 상대적으로 작은 기업을 말한다. 우리나라 중소기업기본법에서는 도·소매업 등 서비스업의 경우 상시 근로자수 200명 미만 또는 매출액 200억 원 이하인 기업을, 제조업의 경우 상시 근로자수 300명 미만 또는 자본금 80억 원 미만인 기업을 중소기업으로 규정하고 있다.

04 주주는 누구인가?

> 주식회사의 기본은 주주이다.

∷ '주식회사'의 기본

여러분이 일하고 있는 곳이 회사라면 아마도 대부분이 주식회사일 것이다.

주식회사는 그만큼 여러분 가까이에 있는 것이지만, 만약 누군가에게 '주식회사의 주식이 뭐야?'라고 질문을 받는다면 제대로 대답할 수 있는 사람은 과연 얼마나 될까? 우리가 일하고 있는 주식회사의 구조에 대해 알아보도록 하자.

예를 들어 설명해 보자. A사장과 B사장은 꽃집을 개업하려고 생각하고 있다. 두 사람 모두 수중에 1,000만 원씩을 가지고 있었다. 그러나 이 두 사람의 사업에 대한 생각은 완전히 달랐다. B사장은 자신이 가지고 있는 돈만으로 어떻게든 사업을 시작해 보려고 했다. 결국 배달용 차를 사서 택배 형식으로 꽃가게를 영업하기로 결정했다.

그에 반하여 A사장은 지인인 a씨, b씨, c씨, d씨의 네 사람으로부터 각각 1,000만 원씩을 투자받아 원금을 5,000만 원으로 늘려 사업을 시작했다. 그 돈으로 배달용 차도 사고, 가게도 차릴 수 있었다. 게다가 가게를 열 때 전단지를 나눠 주어 가게의 인지도도 높였다.

두 사람이 사업을 시작한 지 1년이 지났다. 결과는 과연 어떻게 되었을까? B사장의 꽃집은 이제야 겨우 100만 원의 이익을 낼 수 있었다. 택배 형식이었기 때문에 좀처럼 인지도가 오르지 않았고 손님을 찾아 매일 뛰어다니는 바쁜 나날을 보냈지만 그에 비해 이익이 생기지 않았다.

한편 A사장은 동네에서도 좋은 꽃집이라는 평판을 얻어 단골손님이 꽤 많이 늘어났다. 2,000만 원의 수익도 올렸다. A사장은 이익의 절반인 1,000만 원을 자금을 투자한 5명에서 200만 원씩 나누었다. 그리고 남은 1,000만 원으로 저축을 했다. A사장은 저축한 돈으로 지점을 내려고 준비 중이다.

이제 A사장과 B사장 어느 쪽이 사업에 성공했는지를 한눈에 알 수 있다. A사장처럼 여러 사람들로부터 자금을 투자받아 사업을 하는 형태가 바로 주식회사이다. 주식회사의 본질은 영세한 자금도 많이 모이면 거대한 비즈니스가 될 수 있다는 점에 있다. 주식회사에는 A사장의 꽃집에 돈을 투자한 사람들처럼 일상적인 사업 운영에는 참여하지 않고 돈만을 투자하는 사람도 있다. 이런 사람을 주식회사에서는 '주주'라고 부른다.

출자를 받으면 대형 사업이 가능하다.

Big Business

주식이 가지고 있는 가치
- 회사가 벌어들인 이익의 일부를 배당받을 수 있다.
- 회사의 경영에 자신의 의견을 반영시킬 수 있다.

Remember!
'주식'에는 법적으로 인정되는 두 가지의 권리가 있다.

05 주주는 무엇으로 이익을 얻는가?

❖ 회사에 투자한 주주의 권리는 무엇인가?

∷ 주주가 갖는 여러 가지 권리

'주주'가 자신의 돈으로 주식을 사서 갖고 있을 경우 좋은 점은 무엇일까?

주주는 돈을 투자하는 대신에 이익이 발생되면 그만큼의 배당을 받을 수 있다. 또한 주주는 A사장이 경영을 제대로 하지 못해서 가게가 어려워졌을 때 A사장을 해고하고 다른 사람에게 경영을 맡길 수도 있다. 이렇듯 주주는 자신의 돈을 투자하는 대신에 '이익을 배분 받을 권리(이윤증권)'와 '회사의 운영상 중요한 사항을 결정할 권리(지배증권)'를 가지게 된다. '주식'에는 이 두 가지 권리가 있다. 또 주주가 되는 것을 '출자'한다고도 한다.

주주가 이익을 배당 받을 권리에는 이익배당청구권, 잔여재산분배청구권, 신주(新株)인수권 등이 있다. 쉽게 말해 '이익배당청구권'이란 이익에서 배당을 받을 권리이고, '잔여재산분배청구권'이란 회사를 청산했을 경우에 채무를 빼고 남은 자산을 받을 권리이며, '신주인수권'이란 회사가 발행하는 새로운 주식을 우선적으로 받을 수 있는 권리를 말한다.

여기서는 '이익배당청구권'에 대해 설명해 보도록 하겠다.

주주가 회사로부터 배당을 받을 경우 배당 수입이 발생하게 된다. 배당이란 출자해 준 주주에게 일정 간격으로 이익을 배분하는 것을 말한다. 예를 들어, 100만 원으로 구입한 주식의 배당이 10만 원일 때 이율은 10%가 된다. 10회 배당을 받으면 본전을 찾을 수 있게 되고, 그 이상의 배당으로 '이익'을 창출할 수 있다.

∷ 매각에 의해 이익을 얻을 수도 있다.

우리나라는 매 결산기에 정기 주주총회를 열어 이익의 배당에 관한 결의를 하는데, 요건이 맞으면 중간 배당을 하는 회사도 있다. 배당 방법은 현금과 주식 배당이 있으며, 중간 배당의 경우 현금 배당만 가능하다. 그러나 중소기업의 경우에는 경영자와 주주가 동일한 경우가 많고, 매년 배당이 확정된 회사가 그리 많지 않다. 배당은 이익을 낸 만큼 받을 수 있기 때문에 이익을 내지 못하면 그만큼 배당을 받지 못하게 된다. 회사가 이익을 내고 배당을 받으면 주주로서 이익을 확보할 수 있다.

또한 성장할 가능성이 높은 기업이라고 판단되면 보유한 주식의 가치는 올라가고, 그 주식을 매각했을 때 더 높은 이익을 얻을 수 있게 된다. 예를 들어, 100만 원으로 구입한 주식이 시장에서 200만 원의 가치가 있다고 하면 100만 원으로 구입한 주식을 200만 원에 사려고 하는 사람에게 매각하면 100만 원이 그대로 '이익'이 된다. 그러나 거꾸로 가치가 50만 원으로 떨어질 수도 있기 때문에 시장 가격의 차익으로 이익을 얻는 것은 위험이 따른다고 할 수 있다. 따라서 회사에 투자를 할 것인지 말 것인지에 대한 판단을 내리기 위해서는 그 회사의 장래성·수익성·인재 활용성 등과 같은 여러 가지 점들을 종합적으로 검토해야 한다.

한편, 앞에서도 언급했듯이 주주가 되면 주주총회에서 의견을 제시하거나 주식 수에 따라 경영자를 교체하는 등 경영에 관여할 수 있는 권리도 얻게 된다. 주식에서 발생하는 '이익'을 얻기 위해서가 아니라 이런 권리 때문에 주식을 보유하는 사람도 있다.

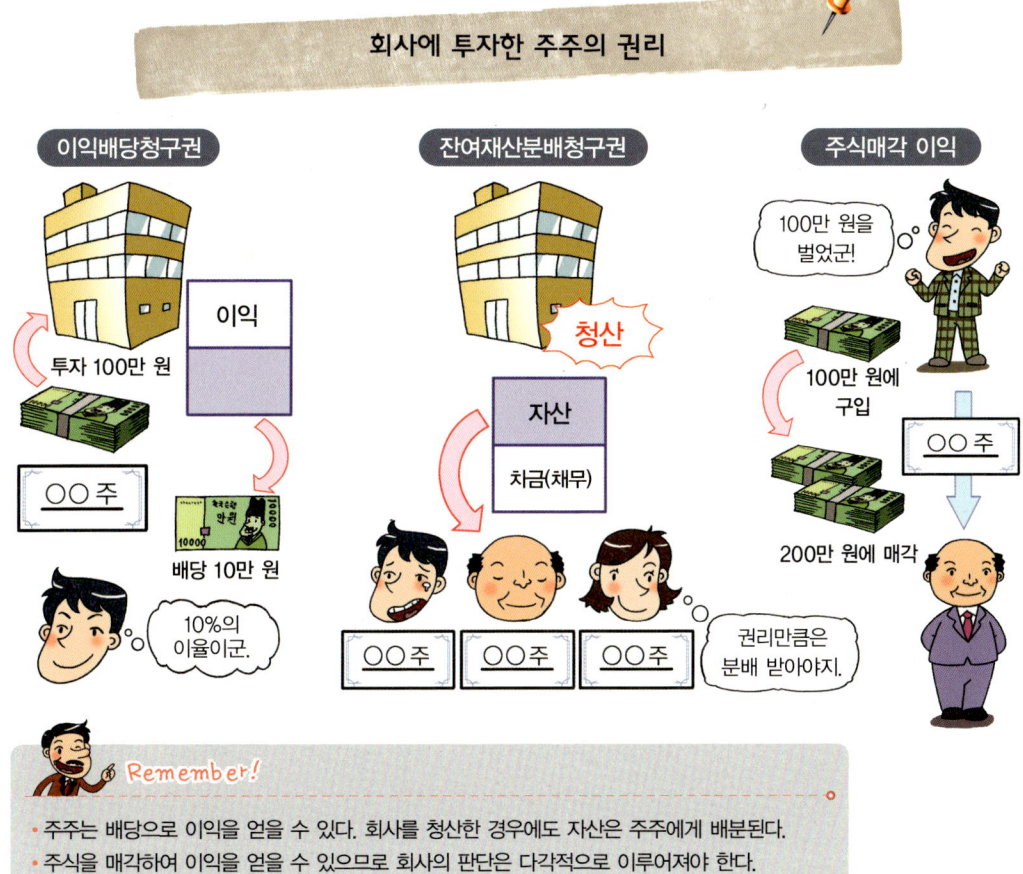

Remember!
- 주주는 배당으로 이익을 얻을 수 있다. 회사를 청산한 경우에도 자산은 주주에게 배분된다.
- 주식을 매각하여 이익을 얻을 수 있으므로 회사의 판단은 다각적으로 이루어져야 한다.

06 회사의 자금은 어디로부터 조달받는가?

···▶ '증자' 와 '융자' 에 대해 이해하자.

회사를 설립한 경우 모아진 자본금(=밑천이 되는 돈)에 의해 회사의 운영이 개시된다. 그러나 이 자본금만으로는 운용 자금이 부족해졌을 때 자금 조달에 문제가 발생하게 된다. 여기서는 자금을 조달하는 방법에 대해 생각해 보도록 하자.

∷ 회사에 있어서 '자본' 이란 무엇인가?

자금 조달에 관한 이야기에 들어가기 전에 회사에 있어서 자본이란 무엇인가에 대해 먼저 생각해 보자.

회사란 주주가 맡겨 놓은 귀중한 돈(=자본)을 효율적으로 운영해서 사업을 확장시키기 위한 근원이 되는 곳이다. 회사에 있어서 '자본' 은 투자자들로부터 투자받은 소중한 돈이다. 경영자는 자본을 효율적으로 운영하여 투자자인 주주에게 배당함으로써 투자에 대한 대가를 지불한다. 또한 경영자는 주주가 주식을 매각할 때까지 주가를 올리기 위해 노력한다.

상장기업*의 경우에는 일반 투자자들이 매매를 하고 거래 시점에서

상장기업(上場企業)
유가증권 시장에 상장되어 주식이 거래되고 있는 기업을 말한다. 우리나라의 상장기업은 코스닥과 거래소라는 유가증권 시장에서 주식이 거래되고 있는 기업을 말하며, 코스닥 상장기업과 거래소 상장기업을 합쳐서 통칭 상장기업이라고 한다.

형성되는 주식의 가격(시가)이 있기 때문에 기업은 여러 광고를 통해 주가를 올리기 위한 노력을 한다. 그러나 상장되지 않은 중소기업은 이런 시가가 없기 때문에 회사의 순자산(자산에서 부채를 뺀 금액)(➜ p.63)을 증가시킴으로써 주가를 올리게 된다.

자산을 늘리는 것은 회사에 있어서 중요한 목적이기도 하다. 자본력을 가지고 있는 회사는 주 거래처가 망하거나 경기가 좋지 않더라도 버틸 수 있는 체력을 비축하고 있다고 할 수 있다. 그러나 자본력이 없는 회사는 조금의 불황에도 버티지 못하고 금방 채무 초과(➜ p.64)라는 병에 걸리게 된다.

Remember!
- 회사는 자본을 늘리는 근원지이다.
- 자본을 늘리는 것으로 배당도 할 수 있다.

:: 회사가 자금을 조달하는 2가지 방법

그렇다면 회사는 자금을 어떻게 조달하면 좋을까? '**증자***' 와 '융자' 에 대해서 알아보자.

우선 증자를 할 경우 회사는 주주로부터 자금을 조달받는다. 증자 방법에는 무상증자(기존의 주주 모두에게 신주를 할당받을 수 있도록 하는 것)와 일반공모증자(불특정인에게 신주를 할당하는 것) 등이 있다. 목적에 맞는 적절한 방법을 선정하지 않으면 안 된다.

증자된 자금은 회사의 것이므로 주주에게 돌려줄 필요는 없다. 주주로서는 되돌아올 것을 기대할 수도 있지만, 그만큼 손해를 볼 가능성 또한 높은 투자라고 할 수 있다. 이 때문에 중소기업은 대기업보다 증자받기 힘들다.

다른 사람에게서 자본을 받는다는 것은 그 사람(주주)에게 경영자의 교체를 압박받을 수 있다는 말이 된다. 그러나 주변 사람 이외의 다른 사람에게서 자본을 증자받는다는 것은 회사가 가족적(개인적)인 것이 아닌 점점 공적인 책임을 가진 존재로 변화한다는 것을 의미한다. 동시에 성공의 기회가 왔다고도 할 수 있다. 비즈니스의 세계에서는 자금만 있으면 여기저기에 성공 아이디어가 널려 있기 때문이다. 앞으로는 자금력은 없지만 노하우, 아이디어, 상품에 대한 권리가 있는 경우 다른 사람에게 자본을 투자받아 상품 판매를 시작하는 경우가 더욱 많아질 것이다.

증자(增資)
증자란 회사가 일정액의 자본금을 늘리는 것이다. 증자의 유형에는 크게 신주 발행을 통해 실질적인 자산을 늘리는 유상증자와 실질 자산 증가 없이 주식 자본만 늘어나는 무상증자가 있다. 이 외에 전환사채 전환이나 주식배당 등이 있다.

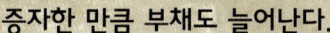
증자한 만큼 부채도 늘어난다.

'증자'를 받게 되면 책임이 무거워지는 반면, 비즈니스의 기회는 넓어진다.

∷ '융자' = 차입은 되돌려 줘야 한다.

융자란 증자 이외에 자금을 조달받는 방법이다. 융자란 쉽게 말하면 빚을 말한다. 융자의 방법으로는 금융기관으로부터의 융자 이외에도 나라나 지방 공공단체가 융자를 해 주는 제도융자와 정부계 금융기관이 융자해 주는 융자제도 등이 있다.

2008년 삼성경제연구소와 금융감독원에 의하면 단기와 장기를 합쳐 72%에 가까운 금액이 금융기관으로부터의 차입이고, 정책금융이 25%를 차지하고 있다.

융자를 받을 때 가장 고려해야 할 것은 금리와 **변제*** 기간이다. 융자가 증자와 다른 점은 반드시 변제를 해야 한다는 점이다.

특히, 설비자금을 단기차입금으로 조달하거나 필요자금보다 더 많이 빌려서 허투루 써버리거나, 회사에서 빌린 돈을 개인적으로 소비해 버리는 것 등에 주의해야 한다. 그로 인해 금융기관으로부터 신용을 잃게 되어 다음 융자를 받을 때 불리해질 수도 있기 때문이다(➡ p.256).

변제(辨濟)
채무의 이행을 말한다. 이를테면, 매매계약에 따라 약정일시(約定日時)에 대금을 지급하거나 물건을 인도하는 것과 같다. 변제가 있으면 채권자는 목적을 달성하고 채권은 소멸한다. 본래의 급여에 갈음하여 다른 급여를 함으로써 채권을 소멸시키는 계약을 대물변제(代物辨濟)라고 하며, 변제와 같은 효력을 가진다(민법 466조).

- 자금 조달 방법 중 가장 많이 이용되는 것은 '융자'이다.
- 융자를 받을 때는 금리와 변제 기간에 주의하라!

가장 많이 이용되는 자금 조달 수단

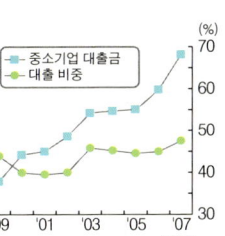
은행의 중소기업 대출

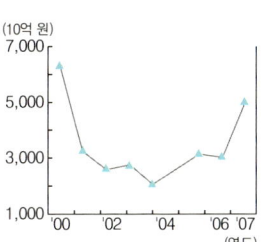
주식시장을 통한 자금 조달

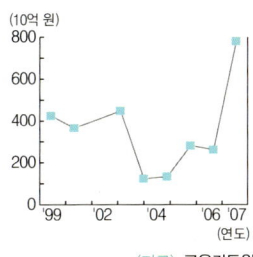
채권시장을 통한 자금 조달

〈자료〉 금융감독원

중소기업의 자금 사정

(단위: %)

연도	매우 원활	다소 원활	전년과 비슷	다소 악화	매우 악화
2005	0.4	12.3	34.8	42.0	10.4
2006	1.1	11.8	41.2	37.8	8.1
2007	0.8	13.3	39.3	38.9	7.7

〈자료〉 중소기업중앙회 '중소기업의 금융 이용 및 애로 실태 조사'

중소기업의 대출 비중 변화와 자금 사정

최근 신용 등급별 비중 변화를 살펴보면 1~4등급의 우량 중소기업 대출 비중이 2005년 말~2007년 9월 말의 기간 동안 16.6%→23.2%→27%로 크게 높아진 반면, 5~6등급의 대출 비중은 같은 기간 동안에 73.5%→67.9%→63.9%로 대폭 하락하였음을 알 수 있다.

또한 중소기업중앙회가 실시한 2007년 중소기업의 금융 이용 및 애로 실태 조사 결과에 의하면, 조사 대상 중소제조업체의 46.6%가 자금 사정이 악화되었다고 응답하였다.

07 '사장'과 '대표이사'는 어떻게 다른가?

··▸ 사장의 정의와 책임은 무엇인가?

지금까지 사장이란 단어를 여러 번 사용하였다. 여러분도 회사에서 회사의 대표자를 '사장님!'이라고 부르고 있지 않은가? 사장이란 법률 용어가 아니라 회사의 우두머리, 즉 회사의 가장 높은 사람을 부르는 통칭이다. 한편 대표이사란 법률적인 용어로서 이사를 대표하는 위치를 말한다. 등기소에 등기되는 명칭은 대표이사이다. 대표이사는 대부분 사장이 된다.

이사에게 맡겨진 막중한 책임이란 무엇인가?

대표이사(=사장)는 이사 중에서 선정된다. 이사는 임원 중에서 업무를 집행하는 중요한 역할을 담당하며, 여러 가지 권한을 가지는 동시에 그만큼의 책임을 져야 한다. 예를 들어, 만약 이사가 법령을 어기거나 회사의 규칙인 정관을 위반해 회사에 손해를 입힌 경우에는 손해배상을 하지 않으면 안 된다.

또한 이사가 이사회의 승인을 얻지 않고 '이익상반 행위거래'(자사의 이익이 다른 회사로 가버리는 것)로 회사에 손해를 입힌 경우에도 손해배상 책임을 져야 한다. 이사가 '상당주의 의무 위반'으로 회사에 손해를 입힌 경우도 마찬가지라고 하겠다. '상당주의 의무 위반'이란 전체 인원이 10명일 경우 7~8명이 알아차릴 만한 문제를 간과한 경우를 말한다.

그 밖의 이사의 중요한 역할에는 대표이사가 올바르게 행동하고 있는지를 감시하는 것이 있다. 이 역할을 게을리했을 경우 '상당주의 의무 위반'이 된다. 또한 **대차대조표***(재무상태표), 손익계산서와 같은 재무제표(➡ p.56), 그 밖의 중요한 서류를 허위로 기재하거나 등기해서 주주나 회사 채권자에게 손해를 입힌 경우에도 대표이사는 책임을 지고 손해배상을 하지 않으면 안 된다.

대차대조표
기업의 일정시점(통상은 결산일)에서의 재무상태를 표시한 회계보고서이다. 국제회계기준(IFRS)에서는 기존의 대차대조표라는 명칭 대신 재무상태표라는 명칭을 사용한다.

이렇듯 이사에게는 여러 가지 의무를 집행할 수 있는 권리와 함께 막중한 책임이 뒤따른다는 사실을 잊어서는 안 된다. 일반적으로는 문제가 일어나지 않으면 배상 책임을 지지 않아도 된다. 대부분의 대표이사들은 법정에 서게 된 후 비로소 책임의 막중함을 깨닫게 되는 경우가 많다.

08 사장의 월급은 누가 결정하는가?

사장 스스로 결정해서 주주총회에서 승인을 얻는다.

업적과 책임에 맞는 월급을 설정한다.

여러분도 유명기업의 사장이 기자회견을 통해 '실적이 부진해서 저의 보너스를 반환하기로 했습니다.' 라든지 '임원보수를 3% 삭감하기로 했습니다.' 라고 발표하는 것을 들은 적이 있을 것이다.

회사에서는 일반적으로 사장의 월급을 어떻게 결정할까? 사장은 이사라는 임원이다(➡ p.36). 이사의 보수(임원의 경우 월급이 아니라 보수라고 한다)는 주주총회에 의해 결정된다.

회계상으로는 회사 경비로 매월 정액이 아닌 금액이나 보너스 등을 지불할 수 있다. 그러나 법인세법상으로는 커다란 제약을 받게 된다(➡ p.148).

보수 금액은 주주총회에서 승인을 얻었는가, 그렇지 않은가에 의해 결정된다. 단 대부분의 중소기업의 경우 주주와 경영자가 동일하기 때문에 반대 의견이 나오는 경우는 거의 드물다. 그렇다고 해서 월급이 얼마든지 많아도 된다는 것은 아니다. 앞서 말했듯이 회사의 돈은 사장의 것이 아니다. 사장의 월급이 너무 많아서 적자가 났다면 그것은 경영자로서의 자격이 없는 것이다.

그러므로 사장은 자신의 업적과 책임에 맞는 월급을 정당하게 책정하지 않으면 안 된다.

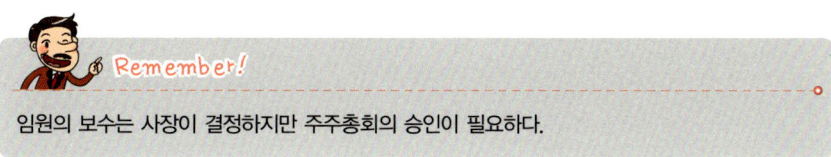

임원의 보수는 사장이 결정하지만 주주총회의 승인이 필요하다.

● 임원의 보수와 상여금의 차이는 무엇인가? ●

[급여 = 보수 + 상여금 + 퇴직금]

임원의 보수는 임원에 대한 급여 중에서 상여금, 퇴직금 이외의 것을 말한다. 보수와 상여금은 임시적인 지급인지, 경상적인 지급인지로 구별되는데, 임시적으로 지급된 급여(퇴직금 제외)를 상여금이라 하고, 매월 경상적으로 지급된 것을 보수라고 한다.

보수와 상여금을 굳이 구분해야 하는 이유는 임원의 보수는 세무계산상 특별한 제한 없이 비용으로 산입되지만, 임원의 상여금은 주주총회나 임원 상여금 규정 등에 따라 사전에 책정된 범위 내에서만 비용으로 인정되고 초과 지출액은 비용으로 인정되지 않기 때문이다.

09 도산이란 결국 어떤 상태를 말하는가?

⋯✥ 도산에는 여러 종류가 있다.

도산이란 무엇인가?

최근 경기 불황으로 인해 뉴스에서도 도산이란 말을 자주 듣게 된다. 그렇다면 어떤 경우에 '도산'이란 말을 사용할까? 도산이란 채무자가 변제해야 할 채무를 기일 내에 갚지 못하여 경제 활동을 계속하기가 어려운 상태에 이른 것을 말하며, 다음과 같은 경우를 가리킨다.

- 은행거래 정지처분 = 사실상 도산
- 화의(법정 관리) = 재건형 도산 절차
- 파산법 = 파산의 도산 절차
- 기타(사적인 처리 방법 등)

은행거래 정지처분 = 사실상 도산

우리나라의 많은 기업들은 어음이나 수표 등을 발행해 물품대금을 지불한다. 이런 대금을 기일 내에 지불하지 못하게 되는 것을 '부도'라고 한다. 금융기관은 1년에 3번 이상 발행한 어음 대금을 지불하지 못한 회사에 대해 은행

거래 정지처분을 내리고, 어음과 수표의 사용을 금지시키며, 더 이상 돈을 빌리지 못하게 한다. 이런 처분이 내려지면 거래정지 보고에 기재되기 때문에 다른 거래처나 금융기관과 같은 이해관계자들에게도 알려지게 된다. 이 때문에 부도를 내게 되면 정상적인 기업 활동이 곤란해지는 것이다. 따라서 은행거래 정지처분을 받게 되면 사실상 도산이 된 것과 마찬가지 상태가 된다.

Remember!
도산에는 여러 종류가 있다. 그중 은행거래 정지처분이란 '사실상 도산'을 말한다.

∷ 도산에 처한 회사의 처리 방법

도산에 처한 회사를 처리하는 방법에는 크게 재건형 도산 절차와 청산형 도산 절차로 나눌 수 있다.

재건형 도산 절차

재건형 도산 절차는 회사의 회생을 목적으로 하는 절차로, 파산법상의 강제화의, 화의법상의 **화의***, 회사정리법상의 회사 정리가 있다.

화의(和議)
파산을 예방할 목적으로 채무 정리에 관하여 채권자와 채무자 사이에 맺는 강제 계약

회사정리법상의 회사 정리는 재정적 문제로 파단에 직면하였으나 회생의 가망이 있는 주식회사에 대하여 법원의 감독 아래 채권자, 주주, 기타 이해관계자 간의 이해를 조정하여 정리·재건을 도모하는 절차를 말한다. 우리가 흔히 말하는 법정 관리도 이에 해당하는데, 회사가 부도를 내어 도산 직전에 있을 때 일반적으로 가장 먼저 취해지는 조치이다.

회사 정리 절차는 일정 요건을 갖춘 회사와 채권자(회사 자본금의 10% 이상의 채권을 가진 자), 주주(회사 발생 주식의 10% 이상의 주식을 가진 자)가 신청할 수 있다.

신청을 접수한 관할 법원은 회사의 업무를 감독하는 행정관청에 통보하고, 여러 사항을 직권 조사한 후 전문가로 구성된 조사위원을 선임하여 조사를 의뢰한다. 조사 결과가 나오면 법원은 이를 검토하여 회사가 회생 가능성이 있다고 인정되면 정리 절차의 개시를 결정하고 법정 관리인을 선임한다.

선임된 법정 관리인은 회사의 업무 및 재산에 대한 관리권을 모두 위임받고 회사와 이해관계가 있는 주주, 채권자 등의 관계인회의에 참석하여 회사의 자산과 정리 계획을 작성하여 보고하고 법원의 인가를 받아 이를 확정한다. 이때 법원은 회사의 회생을 위해 대부분 채무를 일부 면제해 주거나 변제 기일을 연장해 주는 등의 조치를 취한다.

법정 관리인이 경영하는 회사의 주주는 주주의 자격을 잃어버리지는 않지만 회사의 경영에 참여할 수 없으며, 권리 행사도 가장 후순위로 밀리게 된다. 주주는 회사가 폐업을 하게 되면 가장 큰 손실을 보는 사람인데, 법정 관리로 인해 수익자의 위치에 있게 된다.

청산형 도산 절차

청산형 도산 절차는 회사를 폐업시키고 잔여 재산을 채권자들이 공평하게 나누어 가짐으로써 회사 정리가 종결되는 절차이다. 이에는 파산법에 의한 파산과 상법의 회사법상의 청산으로 나눌 수 있다.

파산 절차는 채무자가 그 채무를 완전히 변제할 수 없게 된 경우, 채무자의 재산을 돈으로 환산해 채권액에 따라 채권자에게 공평하게 변제하기 위한 절차이다. 채무자 자신이 직접 법원에 파산 신청을 하는 것을 자기 파산이라고 한다.

그러나 법원에 파산 신청을 하는 것만으로 채무가 없어지는 것은 아니다. 법원이 파산 절차 개시를 하고, 법원으로부터 면책 결정을 받아야지만 비로소 채무자의 채무가 없어진다. 또한 대표자가 집 등의 부동산을 소유하고 있거나 금융기관에 담보로 제공된 것(재산 또는 보증인)은 관련 재산을 매각하여 변제를 요구받게 된다.

또 자기 파산을 하게 되면 블랙리스트에 올라 일정기간 금융기관 등으로부터 돈을 빌릴 수 없게 되고, 신용카드 회사로부터도 신용카드를 발행받을 수 없게 된다.

기타

채무 초과(→ p.64)와 채무 부진으로 채무를 변제하지 못할 상황임에도 불구하고 파산이나 화의 등을 신청하지 않고 일부 채권자와 협의하여 비밀리에 채무를 정리하는 사적 정리도 있다. 이 경우는 일반적으로 도산이라고 하지 않는다.

이렇듯 도산에는 여러 종류가 있다. 자신의 회사가 도산에 휘말리게 되면 회사에 큰 피해를 입게 된다. 회사의 도산을 막기 위해서는 주 거래처의 회계 조사를 정기적으로 실시하고 정확하게 정보를 수집하는 것이 매우 중요하다. 최근에는 이런 정보를 얻기 위해 신용 조사 기관이 많이 이용되고 있는 추세이다.

칼럼 Column

● '채권자' 와 '채무자' 란? ●

본문에서도 몇 번이나 언급한 '채권자' 란 '무언가를 받을 권리를 가지는' 사람을 의미하고, '채무자' 란 '무언가를 하지 않으면 안 되는 의무를 가지는' 사람을 의미한다. 돈을 예로 들자면 돈을 빌려주고 되돌려 받을 권리를 가진 사람을 '채권자', 돈을 빌리고 되돌려 줄 의무를 가진 사람을 '채무자' 라고 한다.

여러 가지 도산 절차

재건형 도산 절차

청산형 도산 절차

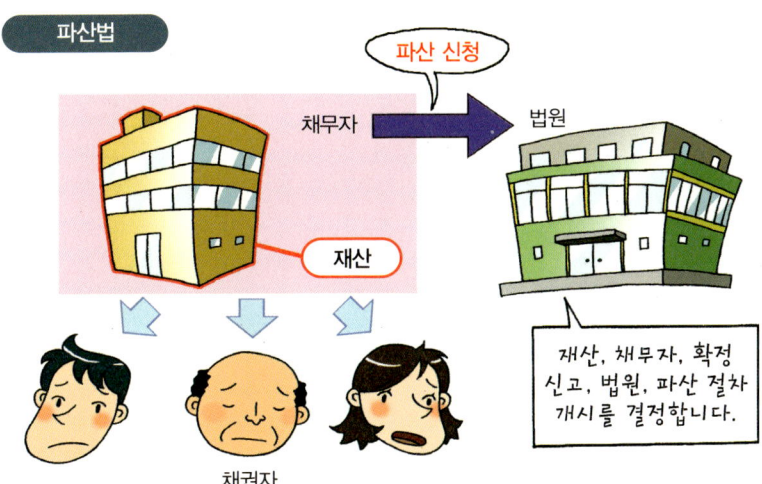

Remember!
- 재건을 목적으로 하는 파산 절차도 있다.
- 파산할 경우에는 면책 결정을 받아야 채무가 없어진다.

10 '흑자도산'은 왜 일어나는가?

··❖ 이익이 나고 있는데도 불구하고 돈이 없다니!

흑자기업이라고 해서 '자금'이 꼭 늘어나는 것만은 아니다.

최근 도산에 관련된 뉴스와 함께 '흑자도산'이라는 말을 자주 듣게 된다. 흑자도산이란 이익을 내고 있음에도 불구하고 도산을 한다는 것이다. 그렇다면 이런 현상이 왜 일어나는 것일까? 그것은 바로 자금 운용의 악화 때문이라고 할 수 있다.

자금 운용이란 인간의 몸에 비유하면 혈액과 같은 것이다. 혈액이 멈춰 버리면 인간이 살 수 없듯이 회사 또한 마찬가지다.

'돈'이라는 혈액이 멈춰 버리면 다음 사업을 진행시킬 수 없게 되고, 회사는 결국 망하게 된다. 일반적으로 흑자기업이라면 자금이 증가하고 있다고 생각하기 쉽지만, 단순하게 이익과 동일한 금액이 증가하는 것은 아니다. 가령, 영업 활동을 잘해 상품 판매가 잘 되었음에도 불구하고 회사의 현금 흐름은 고전을 면치 못하고 있다. 이는 영업 활동으로 현금 수익을 창출하지 못하고 있음을 의미한다. 그 이유를 정확하게 알아보도록 하자.

매출대금과 '입금기한'

우선 가장 고려해야 할 것은 매출의 입금기한(회수기간)이다. 매출로 인해 확실하게 '이익을 얻게 되더라도 매출대금이 회수되지 않으면 자금은 증가하지 않는다. 매출대금을 얼마나 빨리 회수할 수 있는지가 자금 운용의 포인트이다.

흑자기업도 도산을 한다.

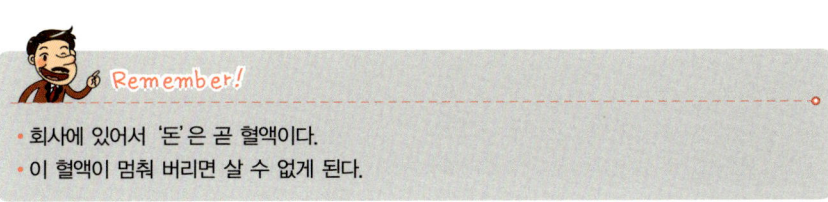

이익을 내고 있더라도 혈액(돈)이 멈추면 도산하게 된다.

Remember!
- 회사에 있어서 '돈'은 곧 혈액이다.
- 이 혈액이 멈춰 버리면 살 수 없게 된다.

∷ 물품 구입과 외주 물품에 지불하는 '지불기한'이 언제인가?

입금기한에 대응하는 것이 지불기한이다. 지불기한의 경우 매월 구입한 재료비나 외주 처리한 작업비용을 언제 지불하는지가 중요한 관건이 된다.

매출대금이 회수되기도 전에 지불대금을 지급해 버리면 지불대금이 선지급되어 자금 운용이 어려워진다. 외상매출금(상품을 판매한 결과 받아야 하는 대금)의 회수가 늦어지는 것도 자금 운용을 악화시키는 요인이다.

∷ 과도한 재고자산, 단기차입도 흑자도산의 위험 요소이다.

그 밖에 재고자산(→ p.112)의 과잉보유 또한 그만큼의 자금이 필요하게 되므로 자금 운용의 악화를 초래하는 요인이 된다.

중소기업의 경우에는 자금 운용을 하는데도 불구하고 차입금의 변제액이 커지는 예가 종종 있다. 특히 설비자금을 단기적으로 빌리게 되면 매월 변제금액이 커지기 때문에 자금 운용이 어려워진다.

설비자금은 장기적으로 빌리고, 운용자금은 단기나 중기로 빌려야 한다. 그 때문에 차입금의 변제액을 이익에서 모두 제한 후 자금 운용을 파악하는 경영자도 있다. 이익이 나더라도 빌린 돈이 이익보다 많아지면 흑자도산을 할 수 있기 때문이다. 이렇듯 경영 판단을 하기 위해서는 회사의 이익뿐만 아니라 자금 운용을 파악하는 것도 매우 중요하다고 하겠다.

입금기한과 지불기한

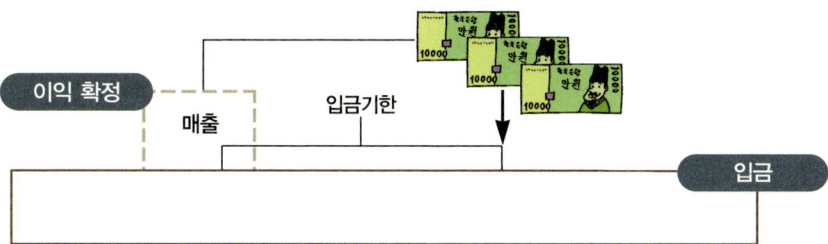

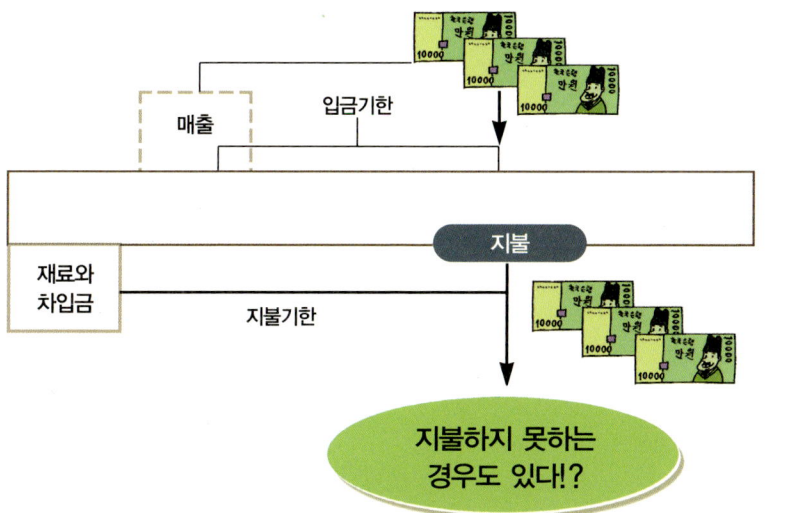

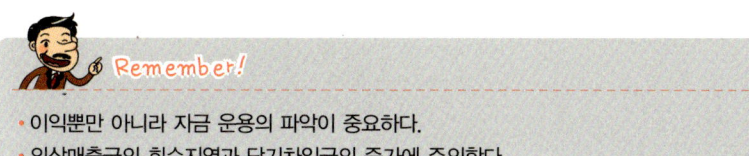

- 이익뿐만 아니라 자금 운용의 파악이 중요하다.
- 외상매출금의 회수지연과 단기차입금의 증가에 주의한다.

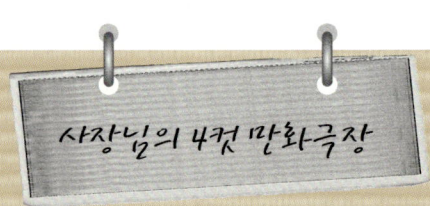

- 가난한 회사의 '자산'에 주의하라! (3-09) ➜ p.102
- 수익을 내지 못하는 골프장은 그대로 내버려 두는 편이 나은가? (3-12) ➜ p.116

제 2 장

회사의 언어 – **재무제표**를 이해한다

결산과 재무제표는 회사에 있어서 매우 중요한 것이다.
제2장에서는 '재무제표'가 도대체 무엇이고, 어떤 수치를 정리해 놓은 것인가라는 핵심 요점에 대해 설명하도록 하겠다.
어려운 설명을 들으면 금방 잠이 쏟아진다는 분들도 이것만은 꼭 알아두자!

01 귀찮은 '결산'은 왜 하는가?

···▶ 회사는 결산을 통해 수치를 파악한다.

∷ 결산을 할 때에 재무제표를 작성한다.

일반적인 회사에서는 원칙적으로 1년에 한 번 결산이라는 절차를 밟는다 (이때 결산대상이 되는 기간을 '회계기간'(➡ p.74)이라고 한다). 이것은 1년 간의 경영 성적을 파악하거나 세금의 결산 근거가 되는 절차로서 회사에 있어서 매우 중요한 일이다.

회사의 현재 상황을 파악하지 않고 경영 판단을 내리는 것이 어렵다는 것은 쉽게 예상할 수 있을 것이다. 또한 세금이 회사의 자산과 이익에 따라 부과되기 때문에 결산을 통해 정확히 파악하지 않으면 안 된다.

회사의 상황을 정확하게 파악하기 위해 자주 이용되는 것이 재고 파악(➡ p.112)이다. 재고 파악이라는 말을 들으면 먼저, 기말에 실제로 물건을 세면서 상품이 얼마나 남아 있는지를 파악하는 이미지가 떠오를지도 모르겠다. 이것이 바로 결산에서 실지재고 파악이라고 불리는 것이다. 평상시에는 장부로 재고를 관리하더라도 결산할 때에는 실재의 물건을 직접 세어 장부와의 차이를 파악하게 된다.

그렇다면 왜 실제 장부와 차이가 발생하는 것일까? 장부에 적혀 있는데 일부러 일일이 개수를 센다는 것은 시간낭비라고 생각할지도 모른다. 그러나 장부 관리만으로 분실이나 납품 누락과 같은 손실을 파악하기란 쉬운 일이 아니다. 실지재고를 파악하지 않으면 자신도 모르는 사이에 '거짓' 수치로 경영을 하는 꼴이 되어 버리고 만다.

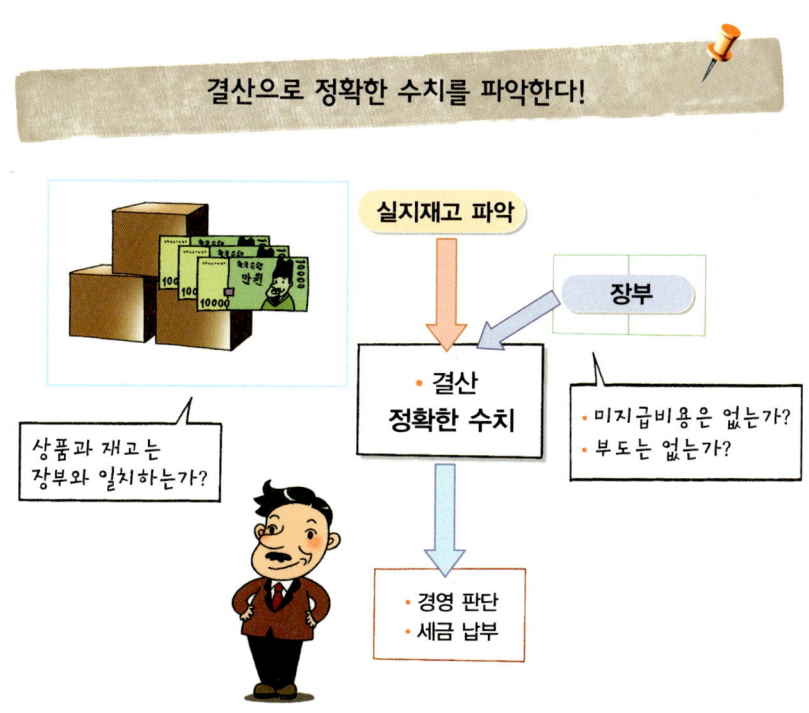

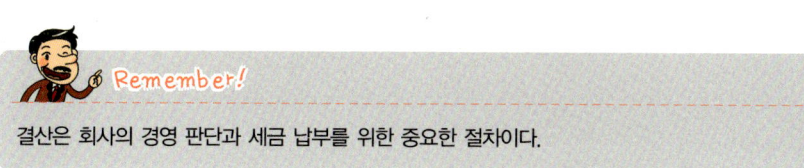

결산은 회사의 경영 판단과 세금 납부를 위한 중요한 절차이다.

이와 함께 미지급비용과 미수수익을 파악하거나 앞으로의 매출 등을 파악하고, 비유동자산의 실재성과 각종 예금의 실재성 등도 확인한다.

또한 부도가 난 채권과 회수하기 어려운 채권을 어떻게 처리할 것인가도 검토한다. 1년 동안 실시해 온 회계 처리에 대해서도 다시 한 번 재검토하여 수정해야 할 것이 있으면 결산을 할 때 함께 수정한다.

∷ 귀찮긴 해도 '월차결산'을 해야 하는 이유

최근에는 중소기업에서도 '월차결산'이란 말이 정착된 듯하다. 월차결산이란 연차로 하던 결산을 월차로 하는 것을 말한다. 만약 누군가가 여러분에게 매출과 경비 등을 매월 보고하라고 한다면 귀찮다고 생각할지도 모른다.

그러나 이런 체계가 잘 잡혀 있는 회사는 월차결산을 함으로써 연차결산의 부담에서 벗어날 수 있다. 또한 경영자는 정확한 월차결산을 통해 정확한 수치를 파악할 수도 있다. 이로 인해 빠르고 정확한 판단을 내릴 수 있게 되는 것은 말할 필요가 없다. 또한 월차결산을 하게 되면 금융기관으로부터의 평가도 좋아지고 융자를 받기도 쉬워진다.

은행으로서도 자신의 회사 경영 상태를 제대로 파악하고 있는 경영자에게 돈을 빌려 주는 것이 안심이 될 것이기 때문이다. 회사에서 월차결산을 하는 것은 바로 이런 이유에서이다.

결산을 할 때 작성하는 재무제표(재무상태표, 포괄손익계산서, 현금흐름표 등은 나중에 자세히 설명하겠다)는 먼저 이사가 작성하고 주주총회의 의결안으로 제출한다.

지금까지 몇 번이고 언급했던 주주총회란 이름 그대로 회사의 주주가 모여서 회사의 기본 방침과 경영 사항에 대해 결정하는 것을 말한다. 결산의 결과가 좋지 않은 경우에는 경영자의 경영 방침에 대해서 '쓴 소리'를 할지도 모른다.

또한 주주총회에서 승인을 얻은 재무제표의 이익을 근거로 법인세의 소득 계산이 이루어진다. 법인세에 대해서는 나중에 다시 자세하게 설명하도록 하겠다.

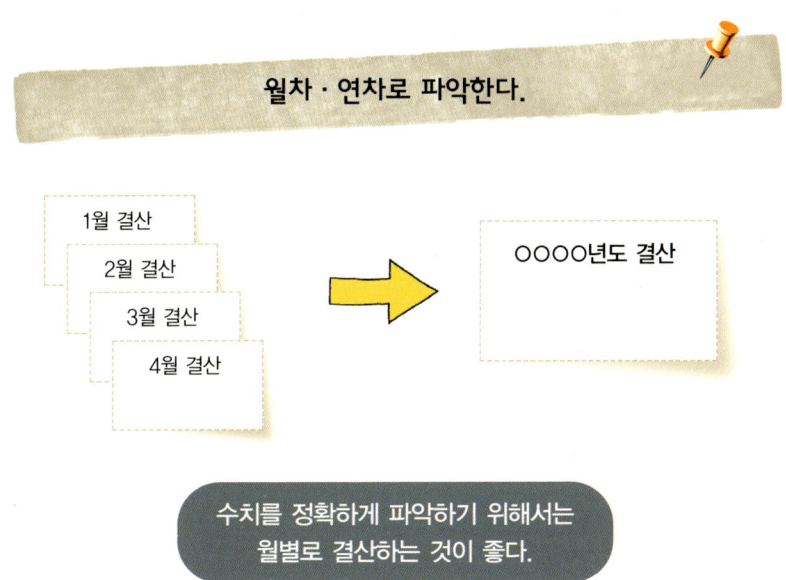

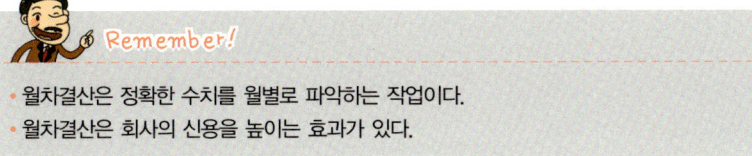

Remember!
- 월차결산은 정확한 수치를 월별로 파악하는 작업이다.
- 월차결산은 회사의 신용을 높이는 효과가 있다.

02 '재무제표'란 도대체 무엇인가?

⋯▸ 재무3표의 관계를 이해하자.

재무제표란 재무상태표, 포괄손익계산서, 현금흐름표라는 재무3표를 포함한 회사의 결산 내용을 정리한 서류를 말한다. 재무상태표는 회사의 재무상태를 나타내고, 포괄손익계산서는 어느 일정 기간(회계기간)(➔ p.74)의 회사의 경영 성적을 나타내며, 현금흐름표는 회사의 현금 등의 변동을 나타낸다.

:: 재무제표는 누가 보는 것인가?

그렇다면 재무제표는 누구를 위해 만드는 것일까? 회사법에는 '주식회사는 재무제표를 공고하지 않으면 안 된다.' 라고 규정되어 있다. 공고란 불특정 다수에게 정보를 공개하는 것을 말한다.

재무제표의 주된 목적은 이해관계자에게 결산의 내용을 제공하는 것이다. 이해관계자란 주주, 투자가, 금융기관, 거래처 등을 말한다. '이번 1년간 회사의 경영 상태와 돈의 움직임은 이렇고, 현재 회사의 자산 상태는 이렇습니다.' 를 회사와 거래를 하고 있는 사람들과 출자한 사람들에게 알려 주는 것이다.

물론 경영자가 스스로 재무제표를 분석해서 전년도의 문제점과 그 원인을 파악하거나 계획적인 경영을 통해 이익을 증대시켜 나가기 위한 목적으로 사용할 수도 있다.

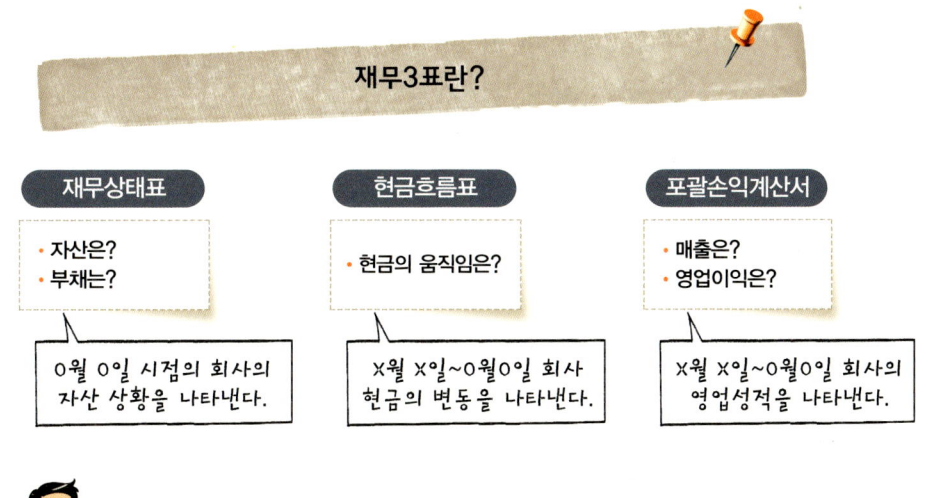

- 재무제표에는 크게 3종류가 있다.
- 재무제표의 주된 목적은 이해관계자에게 회사의 현재 상태를 알려 주는 것이다.

칼럼 Column

● 재무제표에도 여러 가지가 있다. ●

　재무제표란 재무회계의 과정을 통해 수집·처리된 정보를 정기적으로 이용자에게 전달하는 방법으로서 재무보고의 가장 핵심적인 보고 수단으로 활용되고 있다. 상법에는 재무상태표, 포괄손익계산서, 이익잉여금처분계산서(또는 결손금처리계산서) 등을 재무제표로 하고 있으며, 기업회계기준에서는 재무상태표, 포괄손익계산서, 현금흐름표, 이익잉여금처분계산서(또는 결손금처리계산서), 자본변동표, 주석 등을 재무제표로 정하고 있다.

03 '포괄손익계산서'의 핵심 요점을 이해하자.

··▶ 수익과 비용으로 본 회사의 경영실적

포괄손익계산서(comprehensive income statement)는 기업의 경영 성적을 한 눈에 알 수 있는 표이다.

포괄손익계산서에는 일정한 회계기간의 모든 수익(매출)과 그에 대응하는 모든 비용을 기입한다. 이로부터 매출총이익과 영업이익 그리고 당기순이익을 산출한다.

∷ 매출원가 · 매출총이익 · 영업이익의 관계

2,000원어치 꽃을 사서 10,000원에 팔았다고 가정하자. 이 경우 꽃을 판 10,000원이 매출이 된다. 그리고 10,000원에서 구입대금(원가라고 한다) 2,000원을 뺀 8,000원이 매출총이익이 된다.

또 꽃을 판매하기 위해 아르바이트를 고용해 아르바이트비로 3,000원을 지불했다고 하자. 이 경우 아르바이트비(이것은 판매비와 일반관리비에 들어간다) 3,000원을 뺀 5,000원이 영업이익이 된다. '꽃을 팔아서 얼마의 수익을 올렸는가?'를 간단한 수치로 파악할 수 있다.

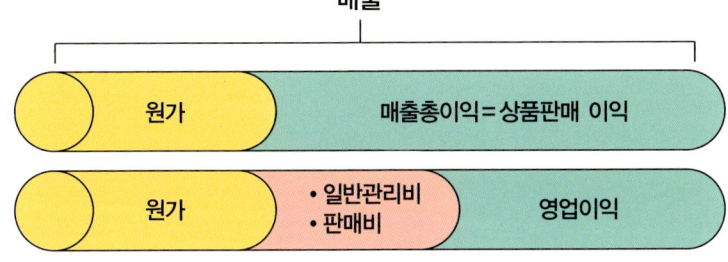

포괄손익계산서는 회계기간 안의 모든 수익과 그에 대응하는 모든 비용을 계산한다.

:: 영업이익, 법인세 차감 전 순이익 및 당기순이익

　회사를 경영하다 보면 경영 이외의 곳에서 수입을 얻거나 손해를 보는 경우가 있다. 이자수익, 이자비용, 유형자산처분손실 등이 그 대표적인 예이다. 따라서 회사의 이익을 계산할 때에는 이런 수입과 손실까지 모두 포함하지 않으면 안 된다. 영업이익에서 이런 이익을 빼거나 더한 것을 법인세 차

법인세(法人稅)
개인의 소득에 대하여 소득세가 부과되는 것과 같이 주식회사와 같은 법인의 사업에서 생긴 소득에 대하여 부과되는 조세를 법인세라고 한다.

감 전 순이익이라고 한다.

법인세 차감 전 순이익은 회사의 수익성(➡ p.90)을 판단하기 위한 중요한 지표가 되기 때문에 꼭 기억해 두도록 하자. 법인세 차감 전 순이익에서 **법인세***를 차감하면 당기순이익이 산출된다.

각 항목과 이익의 예

매출액	10,000원
매출원가	2,000원
매출총이익	**8,000원**
판매비와 일반관리비	3,000원
영업이익	**5,000원**
영업 외 수익 500원 영업 외 비용 2,000원	−1,500원
법인세 차감 전 순이익	**3,500원**
법인세·주민세 등	1,500원
당기순이익	**2,000원**

Remember!
매출에 대한 비용과 수익 및 손실을 조절해서 지표가 되는 이익을 계산한다.

:: 손익의 구분에 대해 이해하자.

손익은 매출총손익, 법인세 차감 전 순손익, 당기순손익 등으로 나누어진다.

이를 통해 회사가 어떤 활동으로 이익을 얻고 있는지를 파악할 수 있다.

예를 들어 판매활동을 통해 얻어진 기업의 주 매출은 매출총손익이 되고, 판매비와 일반관리비를 차감하면 영업손익이 되며, 투자활동의 일환으로 유가증권을 매각해 얻어진 이익과 비유동자산의 매각에 의해 얻어진 이익을 더하면 법인세 차감 전 순손익이 된다. 이처럼 손익을 이용하면 그 회사가 어떻게 이익(손실)을 내고 있는지 그 원인을 알 수 있다.

이런 모든 비용과 이익은 지출 및 수입에 근거해서 계상하고 발생한 기간에 정확히 배당될 수 있도록 하지 않으면 안 된다. 이것을 '발생주의' 라고 한다 (➡ p.72).

손익은 영업활동에 의해 구분된다.

매출액	100,000원	**매출총손익**
매출원가	60,000원	매출총이익 40,000원
판매비와 일반관리비	20,000원	**영업손익**
		영업이익 20,000원
영업 외 수익	5,000원	**법인세 차감 전 순손익**
영업 외 비용	6,000원	법인세 차감 전 순이익 19,000원
법인세·주민세 등	4,000원	당기순이익 15,000원

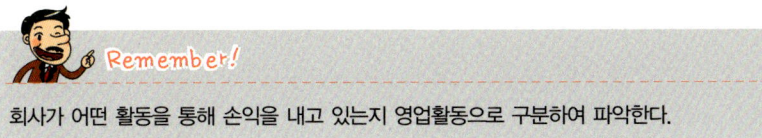

Remember!
회사가 어떤 활동을 통해 손익을 내고 있는지 영업활동으로 구분하여 파악한다.

'재무상태표'의 핵심 요점을 이해하자.

⇢ 재무상태표에는 '자산', '부채', '자본(순자산)' 부분이 있다.

∷ 재무상태표와 포괄손익계산서의 관계

포괄손익계산서가 기업의 '일정 기간'의 이익과 비용을 더한 수익 구조를 경영상태표로 나타낸 것이라면, 재무상태표(statements of financial position)는 기업의 '일정 시점'의 부채와 자본을 더한 자산을 경영상태표로 나타낸 것이다. 이때 자본은 기업의 이익잉여금을 포함한다.

가령, 현 시점의 기업의 재무상태가 1이었더라도 다음 달 기업의 경영활동에 이익이 1만큼 증가된다면 1만큼 증가된 현 시점의 재무상태표도 1이 증가된다. 이 때문에 재무상태표와 포괄손익계산서는 각각 별도가 아닌 서로 유기적으로 영향을 미치는 관계이다.

자산

명칭 그대로 회사의 '자산', 즉 회사가 갖고 있는 것의 총액을 말한다. 자사가 건물을 갖고 있다면 그것은 자산이 되고, 영업활동으로 얻어진 이익도 자산이 된다. 당연히 자본금 또한 자산이다.

부채

'부채'란 회사의 빚을 말한다. 은행으로부터 빌린 돈도 물론 부채이다. 갚지 않으면 안 되기 때문에 '타인 자본'이라고 한다.

자본(순자산)

총자산에서 총부채를 뺀 차액을 자본(순자산)이라고 한다. 순자산에는 자본금과 그 기업에서 창출한 이익잉여금이 있다. 갚을 필요가 없는 자본이기 때문에 '자기자본'이라고 한다.

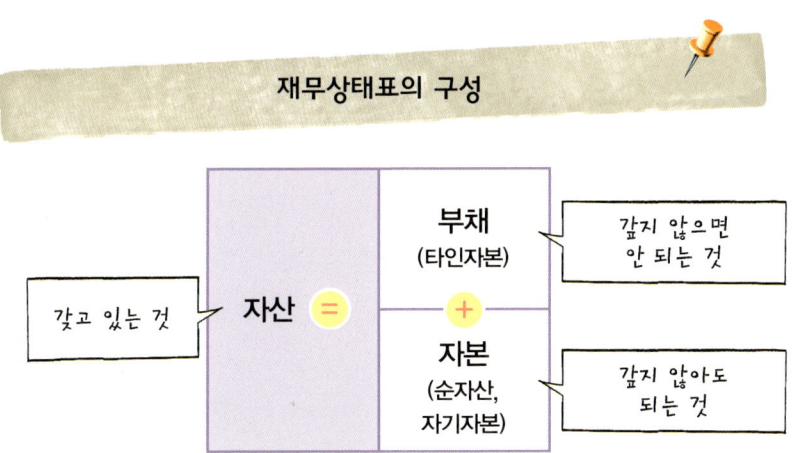

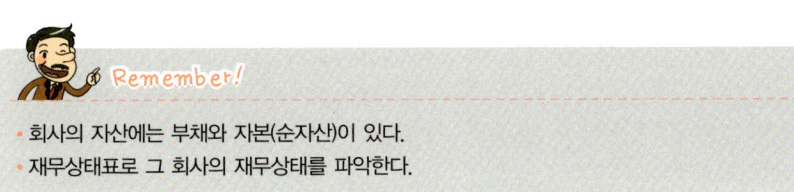

- 회사의 자산에는 부채와 자본(순자산)이 있다.
- 재무상태표로 그 회사의 재무상태를 파악한다.

∷ '결손기업'과 '채무 초과'란?

결손기업(자본 잠식)

앞서 '자본(순자산)은 자본금과 이익잉여금으로 구성된다.'라고 설명하였다. 그러나 자본(순자산)이 최초 자본금보다 적은 기업도 있다. 이러한 자본 잠식이 시작된 기업을 결손기업이라고 한다.

채무 초과(완전 자본 잠식)

총자산보다 총부채가 많아지면 채무 초과가 된다. 채무 초과가 될 경우 금융기관의 평가가 급격히 낮아지기 때문에 채무 초과가 되기 전에 미리 대책을 마련해 두어야 한다.

칼럼 Column

● 자본 잠식과 완전 자본 잠식 ●

기업의 자본은 납입 자본금과 내부 유보된 잉여금으로 구성된다.
이때 회사의 적자폭이 커져 잉여금이 바닥나고 납입 자본금이 마이너스가 되기 시작하는 것을 자본 잠식(또는 부분 자본 잠식)이라 한다. 특히 누적 적자가 많아져 잉여금은 물론 납입 자본금마저 모두 잠식하면 결국 자본이 모두 바닥나게 되고 자본총계가 마이너스로 접어들게 되는데, 이를 완전 자본 잠식(또는 자본 전액 잠식)이라 부른다.

결손기업과 채무 초과

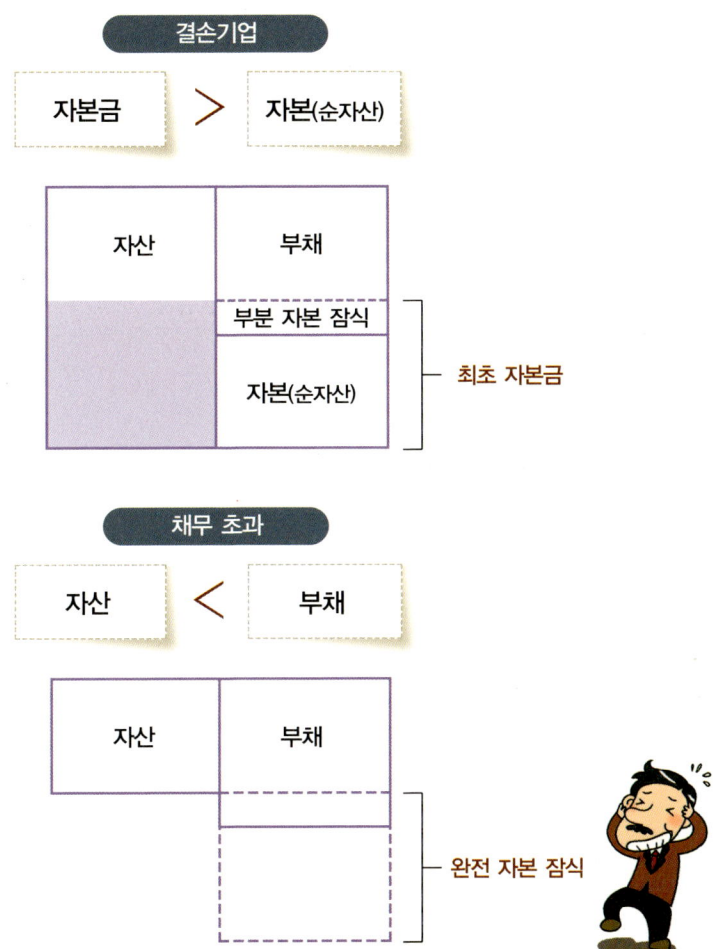

 **Remember!**

- 자본금보다 순자산이 적은 기업을 결손기업이라고 한다.
- 부채가 너무 늘어나 버리면 채무 초과가 될 수도 있다.

∷ '유동'하는 것과 '비유동'하는 것의 차이

자산은 유동자산과 비유동자산으로, 부채는 유동부채와 비유동부채로 구분된다.

유동자산은 1년 이내에 자금화가 가능한 것을 말하고, 유동부채는 1년 이내에 지불하거나 변제하지 않으면 안 되는 것을 말한다.

재고자산(在庫資産)
유동자산 중 상품이나 제품과 같이 재고 조사에 의해 실제 가지고 있는 재고를 확인할 수 있는 자산

유동자산에는 현금, 보통예금 등이 있다. 수취어음, 외상매출금(상품과 제품을 판매한 금액)과 **재고자산*** 등도 유동자산에 포함된다.

유동부채로는 지급어음, 외상매입금(상품과 제품을 매입한 금액), 미지급금(채무가 확정되고 용역을 제공받았으나 아직 지급하지 않은 돈)과 단기차입금(변제기간이 1년 이내인 것) 등이 대표적이다.

또한 비유동자산의 대표적 예로는 건물과 토지가 있고, 비유동부채의 대표적 예로는 장기차입금(1년 이후에 변제해도 되는 것)이 있다.

이를 종합적으로 분석함으로써 기업은 어떻게 자금을 조달해서 효과적으로 돈을 운용하고 있는가, 차입금이 너무 많지는 않은가, 비유동자산의 구입 가격과 현재 시가와의 차이는 어느 정도인가 등을 분석할 수 있다.

이에 대해서는 제3장(→ p.86)에서 다시 한 번 설명하도록 하겠다.

자산과 부채는 두 가지로 나누어진다.

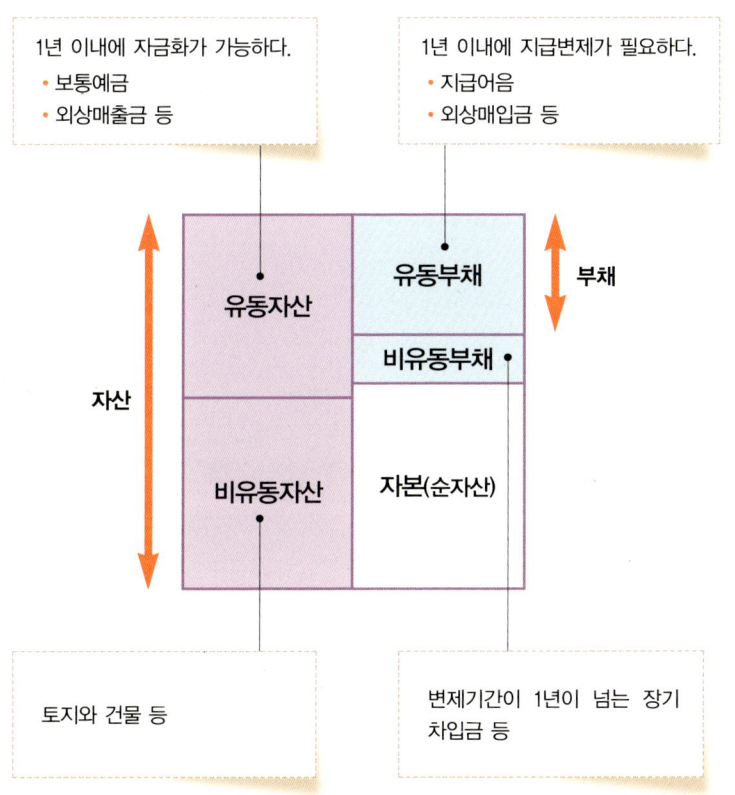

- 1년 이내에 자금화가 가능하다.
  - 보통예금
  - 외상매출금 등

- 1년 이내에 지급변제가 필요하다.
  - 지급어음
  - 외상매입금 등

- 토지와 건물 등

- 변제기간이 1년이 넘는 장기 차입금 등

Remember!

자산은 유동자산과 비유동자산으로 나뉘고, 부채는 유동부채와 비유동부채로 나뉜다.

05 '현금흐름표'의 핵심 요점을 이해하자.

⋯▷ 3가지 활동별로 파악하는 '현금의 움직임'

∷ 자금 운용에도 3가지 종류가 있다!

2003년 12월 4일에 개정된 **기업회계기준*** 제6장 현금흐름표(cash flow statement)는 일정 기간 동안 기업의 현금의 유입과 유출에 대한 정보를 제공하는 재무제표이다.

현금흐름표는 영업활동에 의한 현금흐름, 투자활동에 의한 현금흐름, 재무활동에 의한 현금흐름으로 구분된다.

자금이 순환되지 않으면 기업은 도산해 버리기 때문에(→ p.46) 최근에는 현금의 흐름을 파악하는 현금흐름표의 분석이 매우 중요시되고 있는 추세이다.

기업이 어떤 투자에 얼마의 자금을 지불했는지, 어느 정도 변제했는지 등을 현금흐름표로 분석할 수 있다.

> **기업회계기준(企業會計基準)**
> 재무제표의 실질적 내용이 되는 회계 처리에 필요한 사항, 즉 회계측정기준과 재무제표의 형식상의 표시 방법 등 재무 보고에 필요한 사항을 규정한 회계 원칙

현금흐름표란?

본업에 의한 현금의 움직임

영업활동에 의한 현금흐름

현금흐름표

투자활동에 의한 현금흐름

건물의 구입, 설비의 구매와 같은 투자에 의한 현금의 움직임

재무활동에 의한 현금흐름

주식발행과 융자와 같은 재무에 의한 현금의 움직임

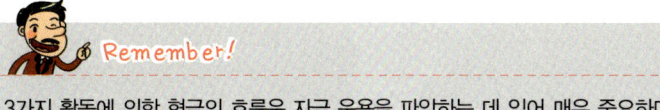

Remember!

3가지 활동에 의한 현금의 흐름은 자금 운용을 파악하는 데 있어 매우 중요하다.

06 '변동손익계산서'의 핵심 요점을 이해하자.

···▶ 손익계산서로 알 수 없는 비용의 내역을 파악한다.

:: '변동비', '고정비'의 차이를 이해하자.

　손익계산서(income statement)는 일정 기간 동안 발생한 모든 수익과 이에 대응하는 모든 비용을 적정하게 표시함으로써 회사의 경영성과를 명확히 보고하기 위한 표이다. 변동손익계산서를 사용하면 그 회사의 상황을 더 쉽게 파악할 수 있다. 변동손익계산서란 오른쪽 그림처럼 비용을 변동비와 고정비로 분류해서 한계이익금(매출에서 변동비를 뺀 금액)을 구하는 계산서이다.

　변동비란 물품매입과 외주비와 같은 경비 중에서 매출이 증가하면 그에 따라 함께 증가하는 비용을 말한다. 한편 고정비란 매출의 증감과는 별개로 고정적으로 드는 사무실 임대료나 수도세 및 전기세, 보험료, 인건비와 같은 비용을 말한다.

　변동비율과 고정비의 타당성을 검토할 수 있다는 것이야말로 일반 손익계산서와 다른 변동손익계산서만의 특징이라고 하겠다.

비용을 분석해 한계이익금을 구한다.

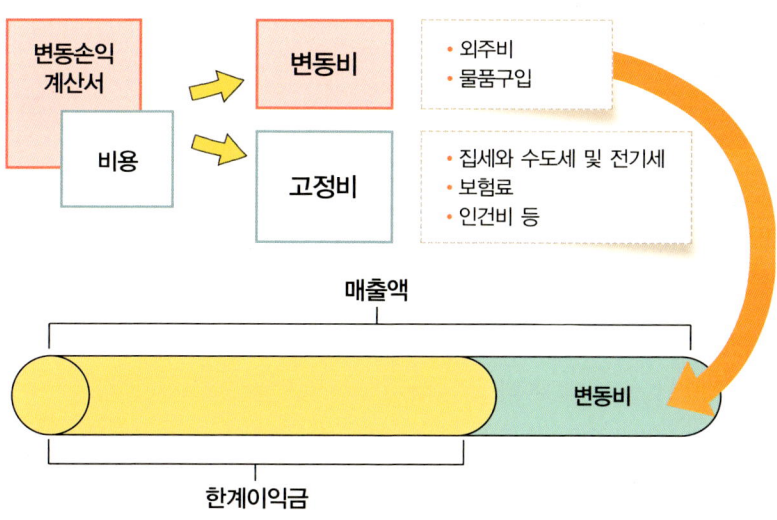

 Remember!
- 비용에는 '변동비'와 '고정비'가 있다.
- '변동손익계산서'로 양쪽의 타당성을 검증한다.

 칼럼 Column

● '한계이익'과 '매출총이익'의 차이는 무엇인가? ●

앞에서 설명한 것처럼 한계이익은 매출액에서 변동비를 뺀 금액을 말한다. 한편 매출총이익이란 손익계산서상의 매출총이익을 가리키는 용어로 자주 사용된다. 즉, 매출총이익은 매출에서 매출원가인 물품매입금을 뺀 금액이다. 엄밀하게 말하면 다를 때도 있지만, 변동비는 매출원가에 들어가는 경우가 많기 때문에 한계이익과 매출총이익은 거의 같다고 생각해도 좋을 것이다.

07 '발생주의'를 이해하자.

⋯▸ '현금주의'와의 차이점은 무엇인가?

∷ 매출을 계상하는 적절한 시기는 언제인가?

 발생주의나 현금주의란 말을 들어본 적이 있는가? 이것은 매출이나 물품의 구입, 경비 등을 입금과 출금을 기준으로 회계할 것인지, 발생을 기준으로 회계할 것인지를 묻는 말이다.

계상(計上)
계산하여 올림.

매출대금이 입금된 시점에 매출을 **계상***하고, 실제로 지불한 시점에 물품 구입비와 경비를 계상하는 것 즉, 입금과 출금을 기준으로 회계하는 것을 현금주의라고 한다.

 반대로 발생주의는 매출이 발생한 시점에 매출을 계상하고, 물품을 구입한 시점에 물품구입을 계상한다. 마찬가지로 청구서를 기준으로 하는 경비 지불은 실제로 지불한 날이 아니라 물품을 구입한 날을 기준으로 경비를 계상한다.

 일부의 소규모 사업자를 제외한 일반적인 회사에서는 발생주의를 이용해 결산하고 보고하는 것이 의무화되어 있다. 현금주의로 월차회계를 할 경우에는 결산할 때 수정할 부분이 많이 나오게 된다. 즉, 정확하지 않은 월차 데이터를 갖고 경영을 하는 꼴이 되는 것이다. 이 때문에 결산할 때 갑자기 적자가 나버리거나 하는 경우가 종종 생기기도 한다.

올바른 경영을 위해서는 월차결산을 정확히 할 필요가 있다. 즉, 발생주의를 이용해 연차로서가 아니라 월차로서 회계 처리를 하는 것이 중요하다고 하겠다.

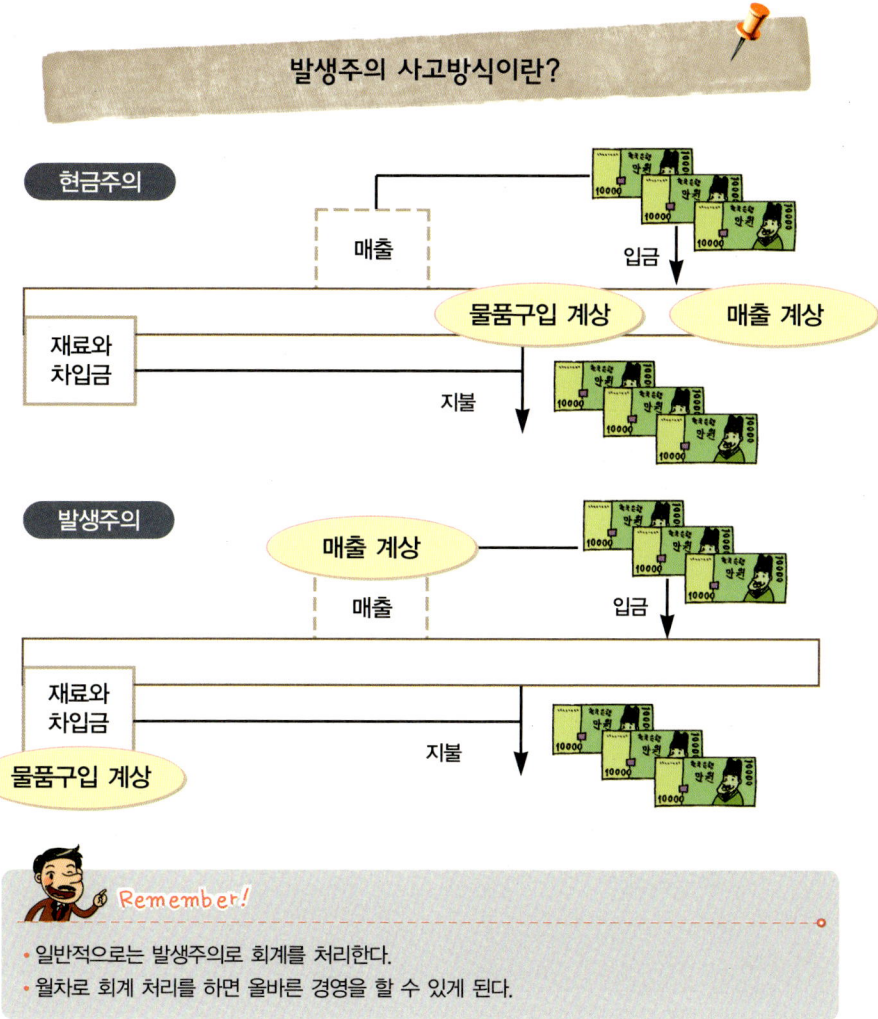

Remember!
- 일반적으로는 발생주의로 회계를 처리한다.
- 월차로 회계 처리를 하면 올바른 경영을 할 수 있게 된다.

08 '회계기간'은 1년이 아니어도 괜찮은가?

···▶ 결산의 대상기간은 임의로 결정할 수 있다.

:: '기말'의 시기에 따라 ○월 결산법인이라고 한다.

앞서 결산을 하는 대상기간을 보통 '1년'이라고 설명하였다. 여기에서는 결산의 대상이 되는 기간, 즉 '회계기간'에 대해 설명해 보도록 하겠다.

회계기간이란 기업회계에서 재무제표를 작성하는 대상이 되는 기간을 말한다. 법인세법에서는 사업연도라고 한다. 회계기간은 회사의 **정관*** 등에 정해져 있어 회사가 임의로 결정할 수 있다.

일반적으로는 1년으로 하는 기업이 많으며, 국가나 지방 공공단체의 경우도 마찬가지다. 다만, 현행 법인세법상 1년을 초과해서 회계기간을 설정하지 못하도록 규정하고 있다. 회계기간의 시작을 '기초', 끝을 '기말'이라고 한다.

예를 들어, 12월이 기말인 경우를 12월 결산법인이라고 한다. 개인사업주의 경우에는 모든 사업자가 1월부터 12월까지를 회계기간(사업연도)으로 하도록 정해져 있다.

> **정관(定款)**
> 회사의 조직과 활동을 정하는 기본규칙 또는 그 기본규칙을 기재한 서면을 말한다. 회사를 설립하려면 정관 작성은 필수적인 요건이다. 발기인이 법적 사항을 기재한 정관을 작성하고 기명날인해야 한다. 유한회사와 주식회사의 정관은 공증인(公證人)의 인증을 받음으로써 효력이 생긴다.

회계기간

※ 1월부터 12월은 개인사업주의 경우

기초										기말
3월	4월	5월	6월	7월	8월	9월	10월	11월	12월	1월	2월

※ 회계기간이 3월부터 이듬해 2월까지인 경우

 **Remember!**

- 회계기간은 임의로 정할 수 있다.
- 보통은 1년이며 우리나라의 경우 1~12월, 3월~이듬해 2월 두 가지 경우가 있다.

09 '분식회계'란 무엇이며, 왜 일어나는가?

> 분식은 한자로 가루 분(粉), 꾸밀 식(飾) 즉, 여자가 화장을 하듯이 '회계장부를 꾸미는 행위'를 의미한다.

:: 적자를 흑자로 만들고 싶다 … 경영자의 욕구

지금까지 '결산'에 대해 대략적으로 살펴보았다. 결산은 기업활동을 파악함에 있어서 매우 중요한 요소라고 할 수 있다. 그러나 불행하게도 경영자 중에는 '분식회계'를 하는 경영자도 있다. 기업이 자산이나 이익을 실제보다 부풀려 재무제표상에 결산된 수치를 특정 방법을 이용해서 보기 좋게 꾸미는 것을 '분식회계'라고 한다. 여성이 화장을 하면 예뻐지는 것에 빗대어 '화장을 한다'라는 은어가 사용되기도 한다.

이것은 당연히 정당한 행위가 아니다. 특히 상장기업의 경우에는 투자자나 채권자의 수가 많고 사회적 책임이 매우 무겁기 때문에 회계가 올바르게 이루어지지 않을 경우 엄격한 제재가 가해진다. 또한 반드시 공인회계사의 법정 감사를 받아야 하기 때문에 분식회계가 일어날 확률은 매우 적다고 할 수 있다. 하지만 결산의 결과가 좋지 않을 경우 주가가 내려갈 것을 우려해 분식회계를 하는 기업이 있어 종종 기사화되기도 한다.

분식회계는 회계 정보를 조작하여 그 회사의 재무상태를 더 좋게 보이게

하거나 수익을 줄여 세금을 횡령하는 등의 두 가지 경우가 있다.

중소기업 또는 영세기업의 경우에는 경영자와 주주가 동일한 경우가 많고, 채권자라 하더라도 은행, 신용금고 등의 금융기관이 대부분이다. 그렇기 때문에 '융자를 받지 못하게 될까봐', '경영심사 점수를 높이기 위해서' 와 같은 갖가지 이유로 적자임에도 불구하고 흑자로 만들기 위해 분식회계를 하는 경우도 적지 않다고 하겠다.

이와 반대로 세금 부담이나 근로자에 대한 임금 인상을 피하기 위해 실제보다 이익을 적게 계상하는 경우도 있는데, 이를 역분식회계라고 한다. 간단한 예로 기업은 부가가치세 10%를 내야 하는데, 수익이 100억이면 10억을 내야 하지만 수익을 80억으로 줄이면 부가가치세가 2억이나 줄어들게 되므로 회사 입장에서는 큰 이익이 난다.

흑자로 만들고 싶어 하는 경영자의 욕구

Remember!
- 상장기업의 경우 엄격한 제한을 받는다.
- 영세해지면 채권자로부터 융자를 받을 수 없게 된다.

∷ 분식회계의 수법들

분식회계에는 기말재고나 공사금액을 실제보다 많이 책정해 다음 분기에 일어날 매출을 이번 분기에 계상하는 수법, 이번 분기에 들어올 비용을 다음 분기로 돌리는 수법, 아직 창고에 쌓여 있는 재고 가치를 장부에 과대 계상하는 수법, 매출채권의 대손충당금을 고의로 적게 잡아 이익을 부풀리는 수법, 이미 없어진 자산의 손실을 계상하지 않는 수법 등 여러 가지가 있다.

∷ 분식회계 후 적정 수치로 되돌리는 일은 매우 어렵다!

한번 분식회계를 해 버리면 적정한 상태로 되돌리는 것은 매우 어렵다. 현재 적자인 회사가 다음 분기 이후에 흑자로 전환시키는 것만도 무척 어려운 일일 텐데 거기에 분식한 부분까지 이익을 내지 않으면 안 되기 때문이다.

금융기관은 회사가 만든 재무제표를 토대로 융자를 결정한다. 만일 융자를 받은 회사가 도산을 했을 경우에 분식에 대한 책임을 어디로 돌려야 하는지가 문제가 된다.

최근에는 중소기업의 세무보고를 담당하는 **세무사***가 이런 분식회계에 가담하고 있어서 소송을 당하는 경우도 있다고 한다.

재무제표는 채권자나 투자자에게 보고를 하는 기능을 가진다. 정확하지 않은 재무제표에 의해서 판단을 흐리게 하는 분식회계는 있어서는 안 되겠다. 분식회계된 재무제표를 보고 투자하여 손해를 본 투자자나 채권자는 손해배상 청구소송을 할 수 있다. 2007년 1월부터는 분식회계에 대한 집단소송제가 적용되었다.

> **세무사(稅務士)**
> 세무사법에서 규정한 자격을 가지고, 납세 의무자의 부탁을 받아 세금 업무에 관한 일을 대신 처리하여 주거나 상담하는 일을 직업으로 하는 사람

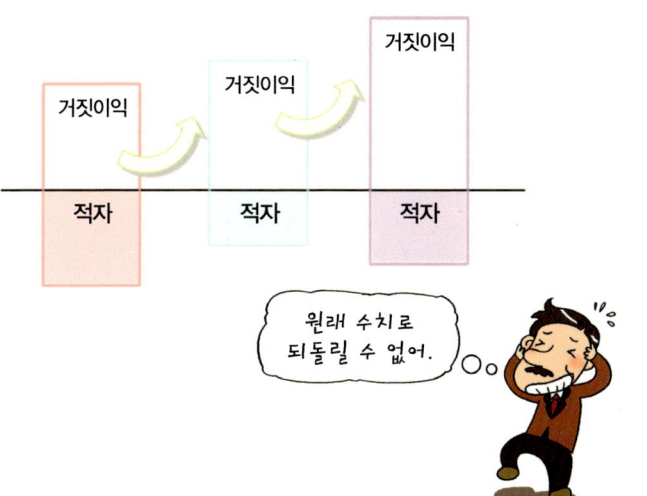

분식회계를 일단 하기 시작하면 경영자 자신도 투자가도 정확한 판단을 내릴 수 없게 된다.

● 분식회계(粉飾會計)의 예 ●

　불황기에 특히 이러한 분식회계 수법이 자주 이용되는데, 주주·채권자들에게 손해를 끼치는 것은 물론, 탈세와도 관련이 있어 상법 등 관련 법규에서도 금지하고 있다. 한국에서는 IMF(International Monetary Fund, 국제통화기금) 사태 이후 기업들의 영업실적이 약화되면서 분식회계가 급증하였다. 특히 대우그룹 김우중 회장의 41조원 분식회계 사실이 드러나 재무제표를 믿고 자금을 대출해 준 금융기관과 투자자, 일반 국민들이 엄청난 손해를 본 일이 있으며, 동아건설산업(주) 역시 이 문제로 사회를 떠들썩하게 하였다.

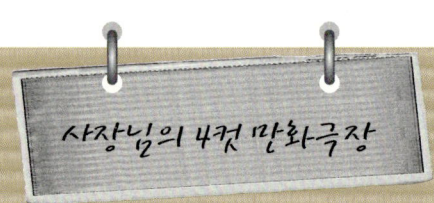

■ 재무 상태가 괜찮은지를 파악하는 '안전성 분석' (3-03) ➡ p.86
■ '자사 건물'을 구입한 사장은 현명하지 못하다? (3-10) ➡ p.108

제 3 장

'경영 분석'과 '회계 지표'를 보는 안목은 비즈니스의 기본이다

'경영 분석'과 '회계 지표'라고 하면 왠지 어려울 것처럼 느껴진다. 하지만 기본방식은 실로 간단하다. 이런 요점을 아는 것과 모르는 것은 천지 차이다. 제3장에서는 그 기본방식에 대해 알아보도록 하자.

01 '경영 분석'의 기본관점은 4가지!

⋯▸ 경영 분석의 핵심 요점을 알아두자.

∷ 경영 분석을 할 때는 무엇을 보면 좋은가?

대부분의 경영 분석은 재무제표에 의해 이루어진다. 그렇다면 재무제표의 어느 곳을 보고 분석을 하는 것일까? 기본적으로 다음과 같다.

- 그 회사는 전년도나 전월과 비교해서 어떠한가?(기간 분석)(➜ p.84)
- 그 회사는 재무 상태가 안전한가?(안전성 분석)(➜ p.86)
- 그 회사는 돈을 벌 수 있는 능력을 갖고 있는가?(수익성 분석)(➜ p.90)
- 사원은 효율적으로 이익을 창출하고 있는가?(생산성 분석)(➜ p.92)

이런 종합적인 판단을 통해 회사를 분석하는 것이 바로 경영 분석이다. 경영 분석을 잘못해 버리면 회사가 도산을 했을 경우에 커다란 영향을 입게 된다. 특히 경기가 불황인 시기에는 거래를 시작하기 전이나 새로운 투자를 하기 전, 그리고 새롭게 융자를 받기 전에 충분히 경영 분석을 해야 할 필요가 있다. 대기업에서는 전문기관에 의뢰하여 투자처의 재무제표가 정확한가 아닌가를 충분히 조사한다. 이것을 듀 딜리전스(Due Diligence, 현장 실사)라고 한다. 그 회사가 보유하고 있는 자산과 부채를 정확한 시가로 평가하면 얼마인가, 부외자산과 부외부채는 없는가 등과 같이 상당히 전문성 있는 조사를 실시한다('부외'(簿外)라는 것은 '재무제표에 기재되어 있지 않은'을 의미한다.). 예를 들어, 할부채무가 많음에도 불구하고 재무제표에 기재되어 있지 않았기 때문에 모르고 합병을 해 버렸다고 하자. 합병 후 실제로 많은 빚이 있다는 것을 알게 되더라도 그 빚이 없어지지는 않는다. 그렇기 때문에 돈을 들여서라도 처음부터 확실하게 조사를 해야 하는 것이다.

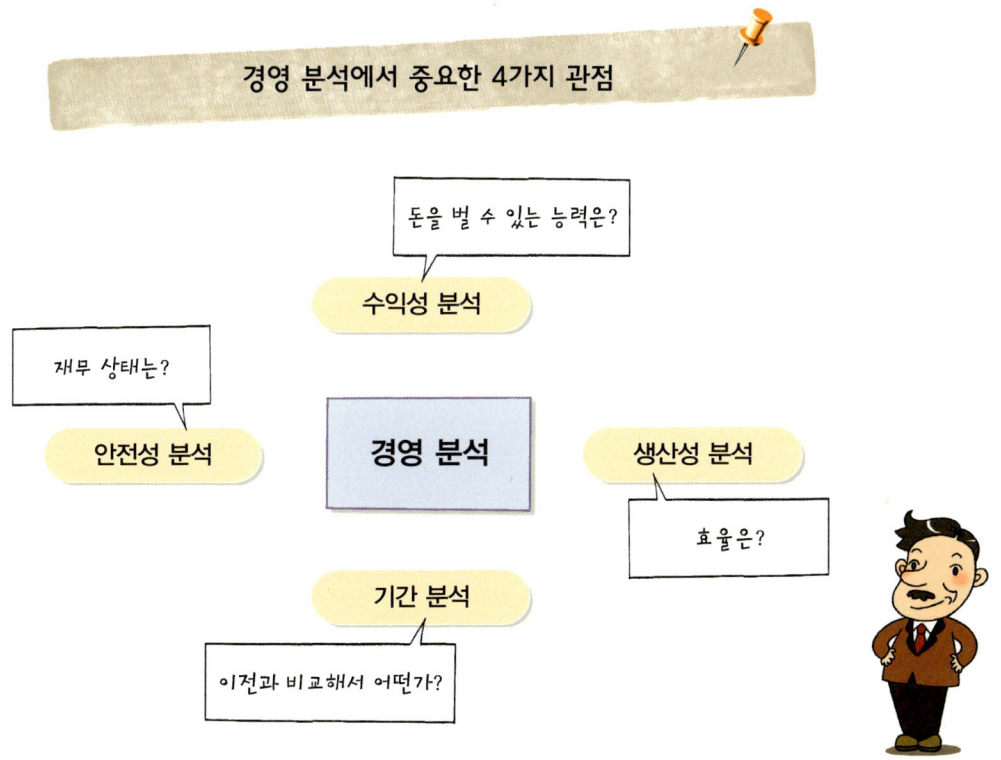

시계열로 분석하는 '기간 분석'

∙∙∙❖ 그 회사는 전년이나 전월과 비교해서 어떤가?

경영 분석을 함에 있어서 중요한 것은 전년과 비교해서 어떤가, 5년 전과 비교해서 어떤가와 같이 시계열로 분석하는 방법이다. 또한 결산기에 비교를 하는 것이 아니라 1년간을 월차로 나누어 비교하는 방법도 중요하다. 편의점 등의 소매점에서는 시간대별로도 비교하고 있다.

∷ 외부 요인과 내부 요인의 차이를 판단한다.

기간 분석을 실시한 결과 외부 요인에 의한 영향인지 아니면 내부 요인에 의한 영향인지를 판단하고 다음 방법을 결정하게 된다.

외부 요인이란 회사를 둘러싼 경제나 동업자에 의한 외부적인 요인을 말한다. 예를 들어, 식료품업계라면 최근 문제가 되고 있는 이물질 혼입 문제로 매출에 타격을 받은 회사나 업계 전체가 불경기라고 보도되어 대출을 받지 못하게 된 회사 등을 들 수 있다.

내부 요인으로는 우수한 사원이 갑자기 그만둬서 매출이 감소했다거나 반대로 우수한 사원을 채용해서 매출이 증가됐다와 같은 예를 들 수 있다.

즉, 시계열 분석 안에서 원인을 발견한 뒤 그것을 활용해서 경영을 해 나가는 것이 매우 중요하다고 하겠다. 또한 **시계열***로 데이터를 분석하는 것에 의해 보다 정확한 예측치도 산출할 수 있게 된다.

시계열(時系列)
확률적 현상을 관측하여 얻은 값을 시간의 차례대로 늘어놓은 계열. 기상 현상, 경제 동향 따위의 통계 이론에 쓰인다.

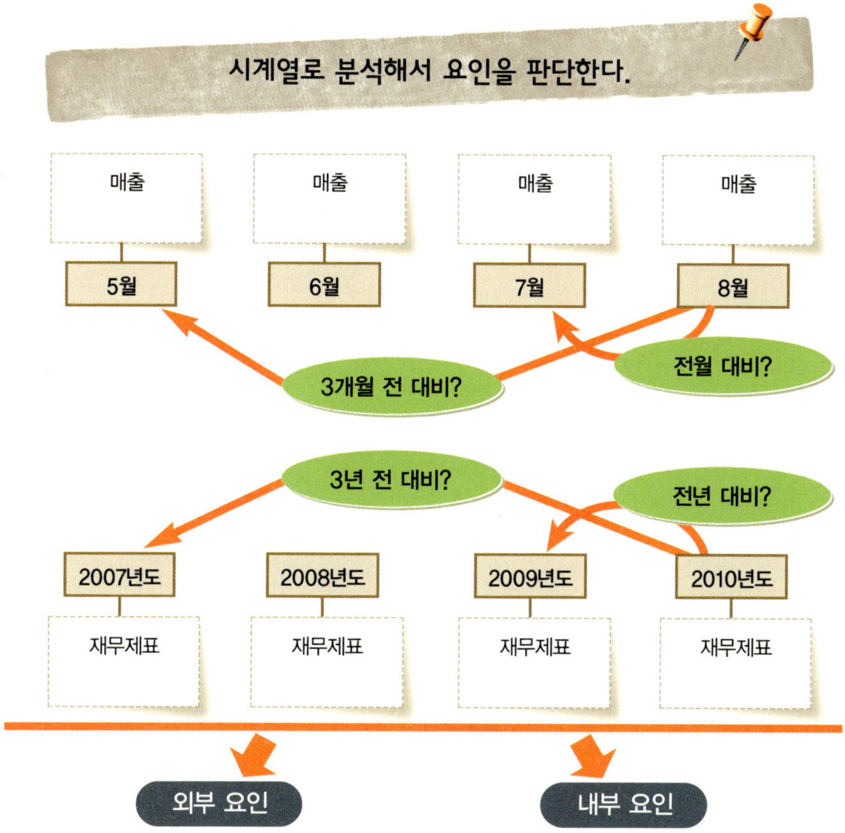

시계열로 분석해서 요인을 판단한다.

| 매출 | 매출 | 매출 | 매출 |
| 5월 | 6월 | 7월 | 8월 |

3개월 전 대비?   전월 대비?

3년 전 대비?   전년 대비?

| 2007년도 | 2008년도 | 2009년도 | 2010년도 |
| 재무제표 | 재무제표 | 재무제표 | 재무제표 |

외부 요인   내부 요인

Remember!
시계열로 수치를 분석해서 그 원인을 발견하고 경영에 활용한다.

재무 상태가 괜찮은지를 파악하는
'안전성 분석'

···▶ '유동비율'과 '자기자본비율'을 이해하자.

안전성 분석이란 그 기업의 재무 상태가 안전한지를 분석하는 것을 말한다. 다음과 같은 분석이 있으니 알아두도록 하자.

① 유동비율을 분석한다.

유동비율이란 기업의 유동자산을 유동부채로 나눈 비율을 말한다. 앞서 유동자산이란 지금 바로 현금화할 수 있는 자산이라고 설명하였다(➜ p.66). 현금과 예금, 받을어음과 외상매출금 같은 매출채권, 재고자산 등이 대표적인 예이다.

이에 반해 유동부채란 바로 지불하지 않으면 안 되는 것을 말한다. 대표적인 예로는 지급어음과 외상매입금, 단기차입금(변제기간이 1년 이내인 차입금) 등이 있다.

1년 이내에 자금화할 수 있는 돈이 1년 이내에 갚지 않으면 안 되는 돈보다 많아야 당연히 안전성이 높다고 할 수 있다.

반대로 유동부채가 유동자산을 웃돌게 될 경우 자금 운용이 막혀 버려 도산할 가능성도 높아진다. 그렇기 때문에 유동비율은 아무리 낮아도 100%가 아니면 안 된다.

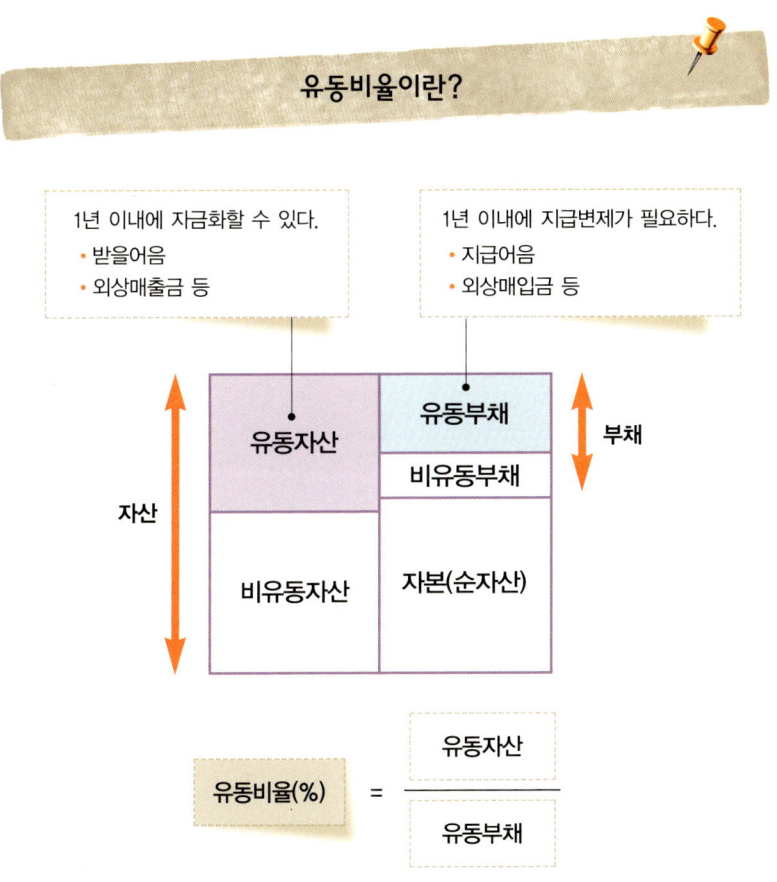

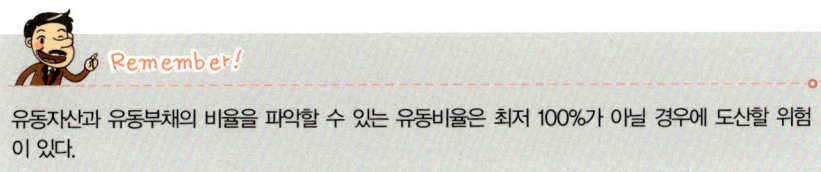

유동자산과 유동부채의 비율을 파악할 수 있는 유동비율은 최저 100%가 아닐 경우에 도산할 위험이 있다.

② 자기자본비율로 분석한다.

자기자본비율이란 자기자본이라고 불리는 자본금 등이 총자본에서 차지하는 비율을 말한다. 총자본은 자기자본과 타인자본을 합한 것이다. 타인자본은 차입금과 사채(社債)와 같이 타인에게 조달받아 갚지 않으면 안 되는 돈이다. 그에 반해 자기자본은 자본금과 같이 변제할 필요가 없는 돈을 말한다.

즉, 타인자본이 많으면 변제에 쪼들려 도산할 가능성이 높아진다. 금융기관에서는 자기자본비율에 제한을 둔다. 국제업무의 경우에는 8%, 국내업무의 경우에는 자기자본비율이 4%를 밑돌 수 없다. 중소기업의 경우 특별한 기준은 없지만 자기자본비율이 25% 이상은 되어야 한다.

자기자본비율을 향상시키기 위해서는 불필요한 **유휴자산***을 매각하여 차입을 변제(→ p.116)하는 등의 대책이 필요하다.

그 외의 분석지표

고가의 설비와 같은 자산을 새롭게 구입할 때 구입금액을 단기차입금 등으로 조달해 버리면 자산이 이익을 창출하기도 전에 변제액이 많아져 현금흐름(자산수지)이 악화된다.

그 때문에 **비유동장기적합률***(자기자본에 비유동부채를 합한 값과 비유동자산을 비교하는 수치) 등도 안전성 분석을 하기에 효과적이다.

마찬가지로 회사의 규모에 비해 차입금이 너무 많지는 않은가 하는 점 또한 중요하다(차입금 대 월매출 비율이라고 한다.).

유휴자산(遊休資産)
일단 가동을 하였지만 생산 축소, 기타의 사유에 의해 가동하고 있지 않는 자산

비유동장기적합률
(非流動長期適合率)
비유동자산 대 장기자본비율이라고도 한다. 자기자본에 비유동부채와 준비금을 보탠 장기자금을 가지고 어느 정도까지 비유동자산을 조달하고 있는가를 판단하는 데 사용한다.

자기자본비율이란?

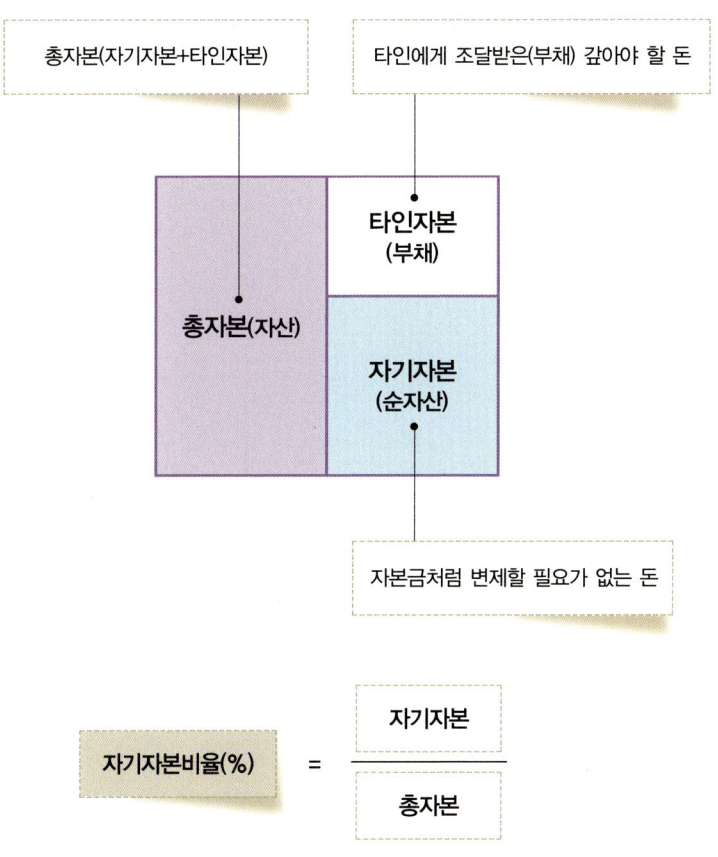

$$자기자본비율(\%) = \frac{자기자본}{총자본}$$

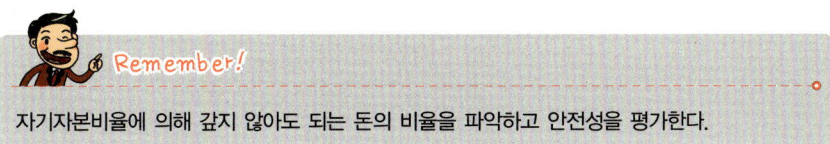

자기자본비율에 의해 갚지 않아도 되는 돈의 비율을 파악하고 안전성을 평가한다.

04 돈을 버는 능력이 어느 정도인가를 파악하는 '수익성 분석'

❖ 자산과 매출이 이익으로 이어지고 있는가?

경영 분석을 할 때 그 회사가 어느 정도 돈을 벌 수 있는 능력을 갖고 있는지를 파악하는 일은 매우 중요하다. 매출뿐만 아니라 투자받은 자본을 얼마나 효율적으로 매출 증가로 연결시키고 있는지, 경비를 적당히 쓰고 있는지, 이익은 증가하고 있는지 등을 분석하는 것을 수익성 분석이라고 한다.

주주와 채권자의 입장에서 본 수익성이란?

주주와 채권자는 회사가 자신들이 투자 혹은 융자한 자금을 효율적으로 이익 증가로 연결시키고 있는지가 매우 중요하다. 이것은 다음과 같은 계산식으로 분석된다.

> 총자본 경상이익률 = 경상이익 ÷ 총자본

총자본 경상이율을 파악하면 자본이 효율적으로 이익으로 이어지고 있는지 아닌지를 알 수 있다. 예를 들어, 필요 없는 유휴(遊休)시설이 있는가 없는가,

기계로 이익을 내고 있는가 그렇지 못한가, 재고가 너무 많지는 않은가 등이다.

또한 대표자에게 빌려준 돈이나 과도한 가지급금으로 인해 자금이 유실되고 있지는 않은지도 확인할 필요가 있다.

∷ 돈을 버는 능력을 단적으로 알려주는 '매출액 경상이익률'

매출에 대한 이익이 어느 정도인지를 나타내 주는 것이 매출액 경상이익률(=경상이익÷매출액)이다. 매출에 대한 이익비율이기 때문에 그 회사가 '돈을 벌고 있는지 아닌지'를 바로 알 수 있다. 또한 이 수치로 판매비와 일반관리비, 지급이자(영업 외 비용) 등이 어느 정도인지 등도 파악할 수 있다.

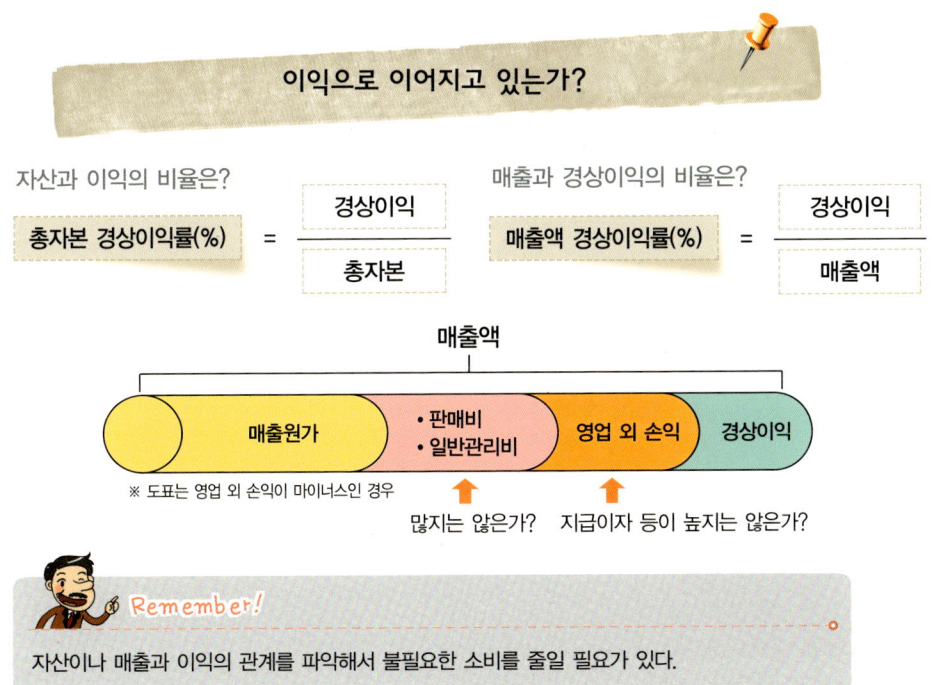

05 1인당 가치를 생각하는 '생산성 분석'

⋯❖ 사원은 효율적으로 이익을 창출하고 있는가?

∷ 전체 결산수치를 '1인당'으로 평가한다.

'생산성 분석'은 사원의 월급을 결정하거나 인재를 새로 고용하는 경우 등에 유용하게 이용된다. 1인당 매출액은 얼마인가, 1인당 경영이익은 얼마인가, 한계이익(≒매출총이익)에 대한 인건비 비율은 높지 않은가(노동분배율)(→ p.100) 등을 분석해서 인건비가 너무 많지는 않은가, 반대로 너무 적지는 않은가 등을 판단하는 것이다.

문제가 발생하였을 경우 적재적소에 인재를 배치하거나, 공장 내의 생산성을 높이거나, 불필요한 잔업을 줄이는 등의 개선책을 생각해야 한다. 이런 분석을 할 때는 같은 업종의 종사자 간의 비교가 중요한 관건이 된다. 생산성을 분석하고 1인당 부가가치를 높이는 것은 매우 중요한 일이다. 한 사람이 돈을 얼마나 벌어들이는지는 그 비즈니스 모델 자체의 커다란 투자 판단 기준이 될 수 있다.

특히 이용업 등 인적 노무를 제공하는 업종에서는 한 사람이 돈을 얼마나 벌어들이고 월급으로 얼마나 배분하고 있는지가 매우 중요하다.

또한 제조업의 경우에는 공장 내에서 사원이 효율적으로 생산성을 높이는 것이 그 회사의 이익을 크게 좌우한다. 업계에서 라인의 재조직과 인재의 재배치로 생산성이 크게 향상되는 경우는 상당히 많다.

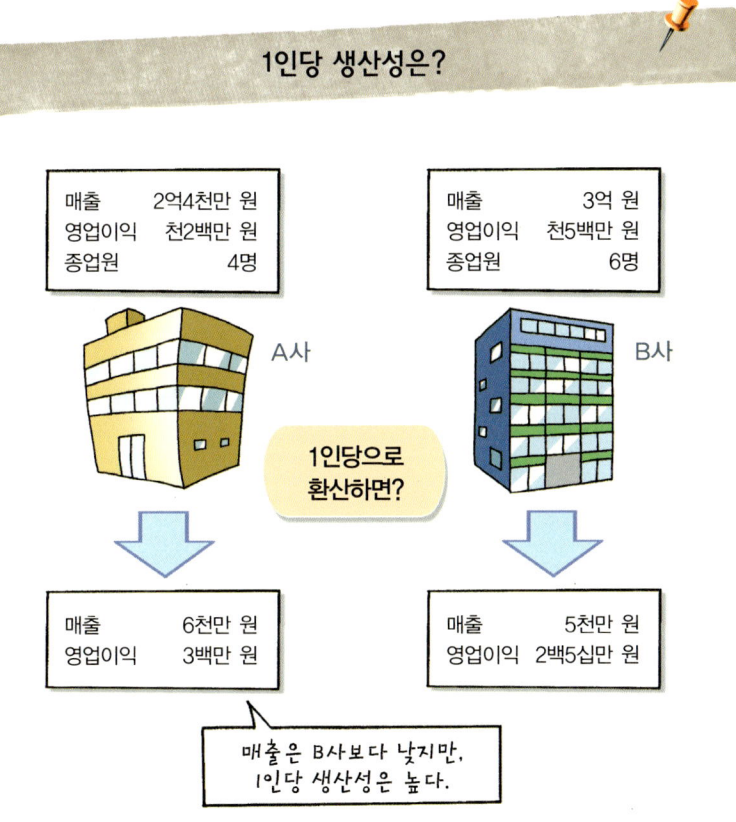

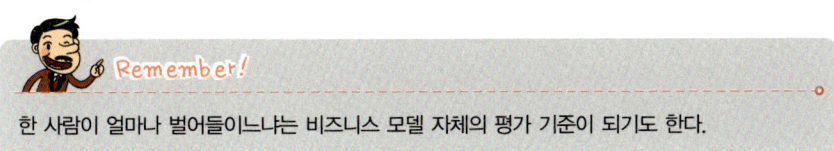

한 사람이 얼마나 벌어들이느냐는 비즈니스 모델 자체의 평가 기준이 되기도 한다.

06 이 사업의 '손익분기점'은 어디인가?

··❖ 적자와 흑자가 같은 지점을 계산한다.

∷ 고정비만큼은 제대로 벌어들이자.

손익분기점이란 무엇일까? 구체적으로 알아보자. 예를 들어, 한 병에 1,000원인 주스를 600원에 구입해서 판매를 하는 비즈니스가 있다고 하자. 매달 지불되는 경비는 집세가 20만 원, 수도세 및 전기세가 30만 원, 월급이 50만 원이라고 할 때 '이 경우 도대체 손익분기점은 얼마인가?'

손익분기점이란 손해와 이익이 교차하는 지점, 즉 적자와 흑자의 교차점이다. 위의 사례로 계산해 보자.

우선 주스가 1병 팔릴 경우 얼마를 벌게 될까?

1,000원(매출) − 600원(구입) = 400원(매출총이익)(→ p.58)

주스가 2병 팔릴 경우 얼마를 벌게 될까?

2,000원(매출) − 1,200원(구입) = 800원(매출총이익)

여기에 바로 중요한 포인트가 있다! 물품구입은 매출이 증가함에 따라 함께 증가하기 때문에 변동비(→ p.70)라고 한다.

다음으로 경비에 대해 알아보자.

20만 원 + 30만 원 + 50만 원 = 100만 원(월)

여기에서 또다시 중요한 포인트! 이런 경비는 매출이 증가함에도 불구하고 고정적으로 들어가기 때문에 고정비(➜ p.70)라고 한다.

즉, 100만 원의 고정비는 증가하지 않기 때문에 100만 원의 수익을 내게 되면 같아지게 된다. 이것이 바로 손익분기점인 것이다.

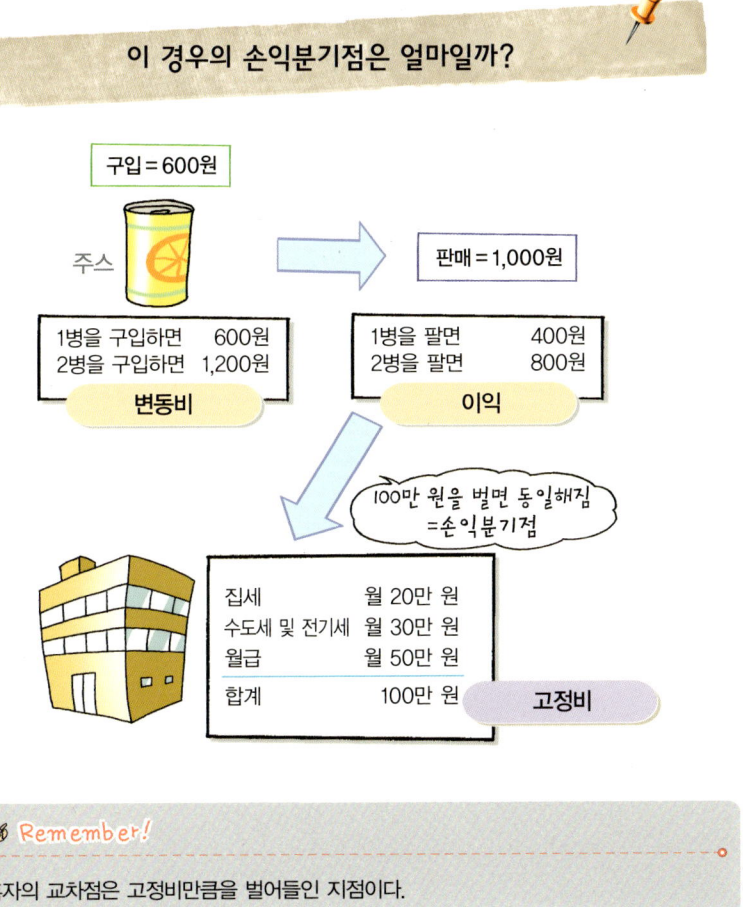

Remember!
적자와 흑자의 교차점은 고정비만큼을 벌어들인 지점이다.

∷ 손익분기점은 당연히 낮은 편이 좋다.

그렇다면 100만 원의 수익을 내기 위해서는 주스를 몇 병 팔아야 할까?

1병을 팔 경우 400원의 수익이 나기 때문에,

100만 원 ÷ 400원 = 2,500병

을 팔면 손익분기점에 도달하게 된다.

즉, 손익분기점 매출액은

2,500병 × 1,000원 = 250만 원

이 되는 것이다.

손익분기점은 당연히 낮은 편이 좋다. 많이 팔리지 않으면 흑자를 낼 수 없는 비즈니스의 경우에는 손해가 크기 때문이다. 그렇다면 손익분기점을 낮추기 위해서는 어떻게 해야 할까? 그 방법으로는 다음의 2가지가 있다.

① 고정비를 줄인다. ➡ 불필요한 경비의 삭감
② 1개의 매출총이익을 늘린다. ➡ 매출액 총이익률의 개선

아주 간단한 계산이지만 사업을 할 때 이 방법은 매우 유용하게 이용된다. 참고로 계산식은 다음과 같다.

> 손익분기점 매출액 = 고정비 ÷ 매출 총이익률

이 경우 매출 총이익률은 400원 ÷ 1,000원 = 40%

가 된다. 즉, 100만 원 ÷ 40% = 250만 원

이 되는 것이다.

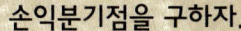

손익분기점을 구하자.

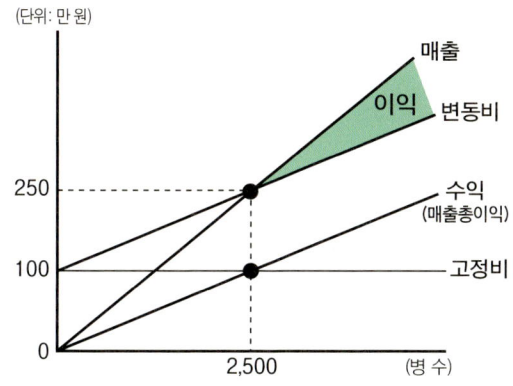

손익분기점을 낮추기 위해서는

① 고정비를 줄인다.

② 1개의 매출총이익을 늘린다.

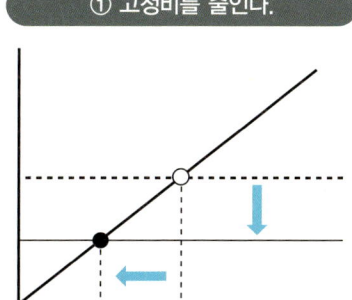 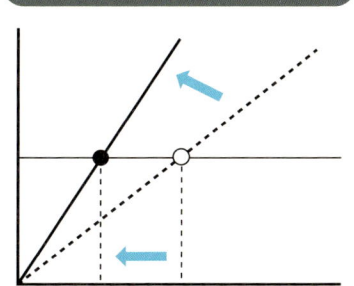

 **Remember!**

손익분기점을 낮추기 위한 방법을 연구하는 것은 사업의 기본이다.

07 '경영 성적'을 올리기 위해서는 어떻게 해야 하는가?

⋯▸ 3가지 원칙을 이해하자.

∷ 경영 성적을 올리기 위한 3가지 요소

지금까지 여러 지표를 제시해 왔다. 그렇다면 이제부터는 경영 성적을 올리기 위한 방법을 알아보도록 하자.

회사의 경영 성적을 높이기 위해서는 다음의 3가지 방법이 사용된다.

① 매출액을 증가시킨다.
② 한계이익률(매출액에 대한 한계이익률)을 높인다.
③ 고정비를 줄인다.

① 매출액을 증가시키는 방법은 다시 말해 전체 금액을 높이는 방법이다. 전체 금액이 올라가면 수익성이 향상된다. 그러나 그만큼 변동비와 고정비가 올라가 버리면 아무런 의미가 없다.

여기에서 매출액에 대한 매출액에서 변동비를 뺀 한계이익의 비율, 즉 ② 한계이익률이 경영의 성과를 나타내는 수치가 된다. 또한 계획, 예산, 실행, 검토의 각 단계에서 사업을 판단하는 중요한 자료가 되는 것은 말할 필요가 없다. 그리고 ③ 고정비를 줄이면 그만큼 경상이익률이 증가하게 된다. 이 사업에 필요한 비용인가 또는 불필요한 경비가 있지는 않은가를 검토하고 검증해야 하는 것이다.

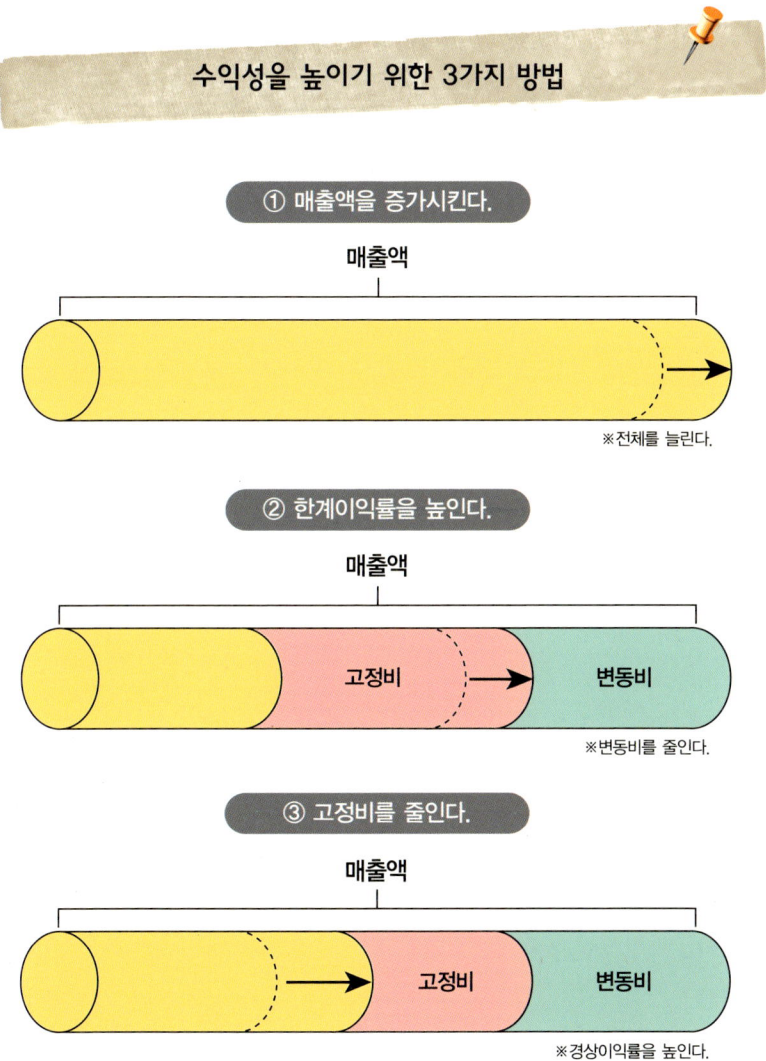

제3장 _ '경영 분석'과 '회계 지표'를 보는 안목은 비즈니스의 기본이다 · 99

08 '노동분배율'과 직원의 월급과의 관계는 무엇인가?

◆ 사기를 저하시키지 않고 노동분배율을 낮추기 위한 방법은 무엇인가?

∷ 노동분배율을 이해하자.

노동분배율이란 노무에 관한 수치로서 한계이익에서 인건비가 차지하는 비율을 말한다.

경영을 하는 입장에서는 노동분배율이 낮은 편이 좋다고 한다. 그러나 한계이익은 변동이 없는데, 노동분배율만을 낮춘다는 것은 단지 임원이나 사원의 월급을 줄인다는 의미밖에 되지 않는다. 상황은 전혀 변한 것이 없는데 월급만 적어진다면 임원은 물론, 사원의 사기도 저하될 것이 뻔하다.

월급이 올라가야 사원의 의욕도 높아진다. 그렇다면 월급을 올리면서도 노동분배율을 낮추기 위해서는 어떻게 해야 할까? 그 방법은 바로 한계이익을 증가시키는 것에 있다. 인건비가 늘어나는 것보다 한계이익을 더욱 늘리는 것, 즉 생산성을 향상시키면 되는 것이다. 회사에 있어서도 생산성을 높이는 일은 매우 중요하다. 효율은 높이고 불필요한 것을 줄이는 것으로 회사에게 이익을 안겨 줄 수 있기 때문에 전력을 다해 열심히 노력하지 않으면 안 된다.

이러한 노동분배율은 월급을 결정하는 하나의 지표로서 사용되기도 한다. 이 기준을 무시하고 인건비만을 늘릴 경우 경영을 압박받게 되는 것은 당연하다. 사원의 목표는 1인당 한계이익을 늘리는 것이다. 1인당 한계이익이 늘어남에 따라 경영자와의 정기적 연봉협상에도 당당해질 수 있게 되는 것이다.

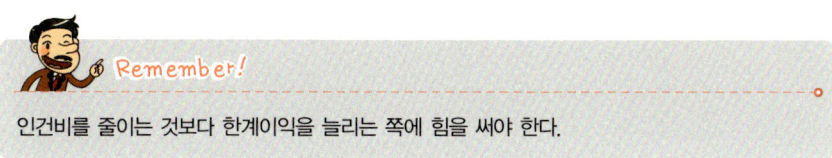

인건비를 줄이는 것보다 한계이익을 늘리는 쪽에 힘을 써야 한다.

09 가난한 회사의 '자산'에 주의하라!

…▸ 재무재표를 '시가'로 평가해 보자.

∷ '자산'과 시가와의 수치가 동떨어진 경우

경영 분석의 앞부분에서 매수합병 등이 이루어질 때 '시가평가'를 한다는 것에 대해 잠깐 언급하였다. 이 장에서는 '시가평가'의 중요성에 대해 이야기해 보겠다.

앞서 재무상태표에는 자산, 부채, 자본의 부분이 있다고 설명하였다(→ p.62). 특히 자산 부분에서는 기업이 보유하고 있는 자산을 지금 매각했을 때 실제로 얼마가 되는가라는 관점에서의 평가가 매우 중요시된다. 이것을 시가평가라고 한다.

중소기업의 경우 유가증권은 물론, 토지에 대해서도 대부분 구입했을 때의 가격으로 자산에 계상되기 때문에 실제의 시가와 수치가 동떨어지게 되는 경우가 종종 생긴다. 금융기관에서 기업을 평가할 때 이런 자산을 시가로 고쳐서 평가하고 있다. 그런데 경영자는 이런 점을 종종 잊어버리는 경우가 있다.

좀 더 구체적으로 알아보자. 받을어음과 외상매출금과 같은 채권을 매출

채권이라고 한다. 시가를 평가할 때 매출채권 중에 불량 채권이 없는지를 파악하는 일은 매우 중요하다. 손실 처리를 해버리면 적자가 나버리기 때문에 주 거래처가 이미 도산했음에도 불구하고 그대로 매출로 계상하고 있는 경우를 종종 보게 된다. 그러므로 경영자나 기업 인수자는 너무 늦지 않게 매출채권의 현재 상황을 조사하여 적정하게 손실 처리를 해 자사의 자산을 정확하게 회계 처리를 해야 한다.

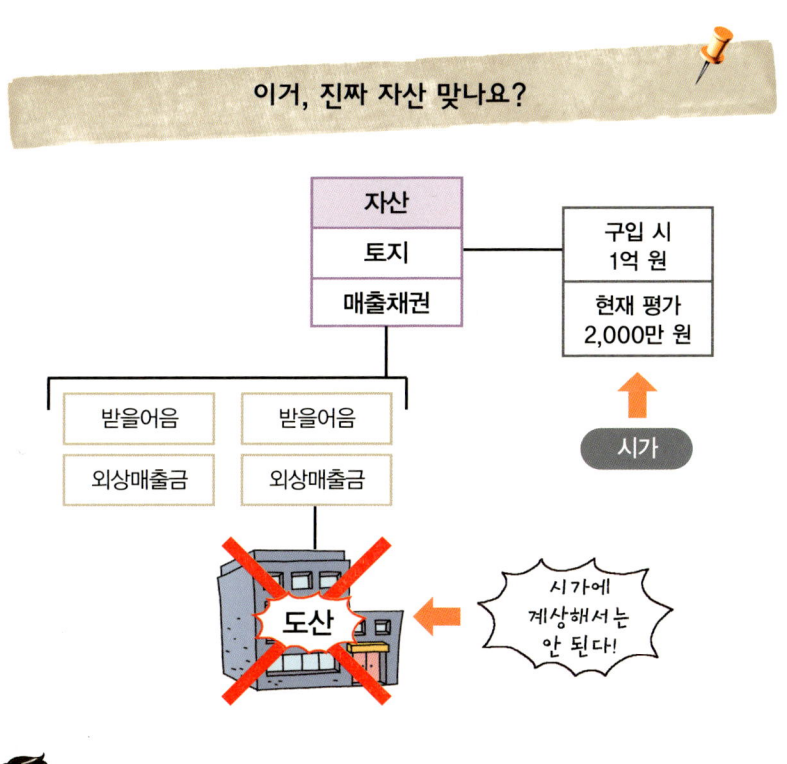

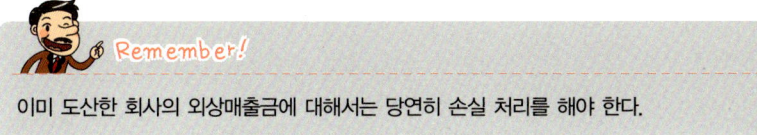

이미 도산한 회사의 외상매출금에 대해서는 당연히 손실 처리를 해야 한다.

:: 올바른 파악이 필요한 '재고자산', '대부금·가지급금'

재고자산(재고) 또한 시가평가를 할 때 매우 중요한 요소 중의 하나이다. 구체적으로 아래와 같은 사항에 주의해야 한다. 불량 재고에 대해서는 뒤에 다시 설명하도록 하겠다(➜ p.112).

- 상품과 제품이 진부하지는 않은가?
- 결함이 있는 물건은 없는가?
- 장부의 재고와 실지 재고는 일치하는가?
- 분식되지는 않았는가?

가지급금(假支給金)
현금 지급은 이루어졌으나 어디에 어떻게 쓰일지 몰라 회계처리상 계정과목(용도)을 명시하지 않은 지출금을 말한다.

또한 매출채권과 마찬가지로 대부금과 **가지급금***에 대해서도 다음과 같은 사항에 주의하도록 하자.

- 회수되고 있는가?
- 적절하게 정산되고 있는가?
- 경영자에 의해 사적으로 쓰이고 있지는 않은가?

가지급금이 불명확한 회사는 내부 통제 기능이 약하다고 할 수 있다. 회계 기능이 잘되어 있으면 금융기관이나 외부 관계자로부터의 평가 또한 크게 달라지기 때문에 이런 기능은 평소에 제대로 정비해 두어야 한다.

중소기업의 경우에는 현금 관리가 제대로 이루어지지 않아 사장의 주머닛돈과 회사의 돈이 동일시되어 버리는 경우가 종종 있다. 앞서 말했듯이 현금을 장부와 맞추는 것은 기업(상인)의 기본이다! 무슨 일이 있어도 이런 기본은 제대로 지켜져야 한다고 생각한다.

자산은 제대로 관리되고 있는가?

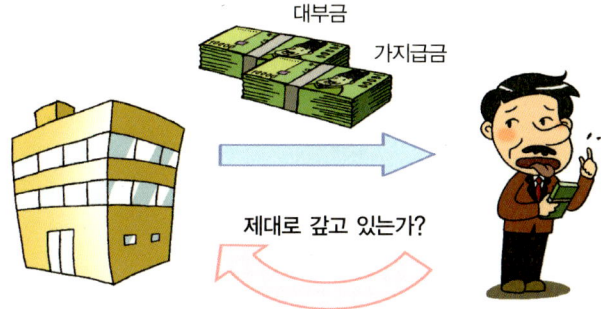

 **Remember!**

- 현금과 장부를 맞추는 것은 회사의 기본이다!
- 사장의 가지급금도 명확히 해야 한다.

제3장 _ '경영 분석'과 '회계 지표'를 보는 안목은 비즈니스의 기본이다 · 105

:: 변동폭이 있는 회원권과 주식에도 주의한다.

또한 비유동자산, 특히 토지의 경우 구입한 때와 시가는 당연히 다를 수밖에 없다. 건물에 대해서도 시가평가를 해야 한다. 중소기업의 경우에는 유가증권도 구입한 금액 그대로 재무상태표에 기재되기 때문에 시가에 맞춰야 한다. 특히 골프회원권이나 주식은 변동폭이 상당히 크기 때문에 주의가 필요하다(→ p.116).

:: 할부금은 부외 채권이다.

마지막으로 채권에 대해서도 잠깐 설명해 보도록 하겠다. 채권 중에서는 부외 채권에 주의해야 한다. 특히 할부 계약을 하고(→ p.142) 할부자산을 자산 계상을 하지 않고 경비의 할부금으로 계상만 해 버리면 할부채무인 부외 채권(재무상태표에 기재되지 않는 채권)이 생겨 버린다. 일반적인 할부 계약의 경우 해약을 하면 위약금을 물어야 하는 경우가 대부분이기 때문에 주의할 필요가 있다.

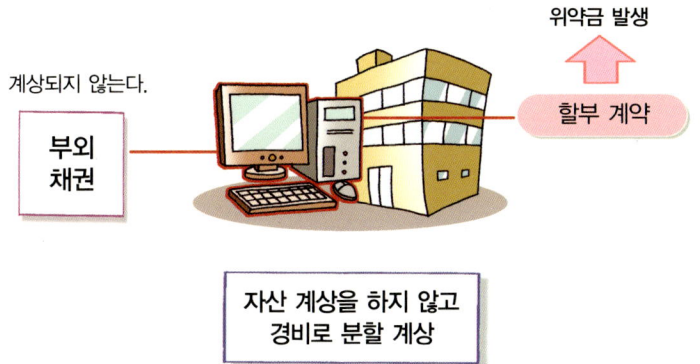

할부금을 경비로 하면 부외 채권이 된다.

- 계상되지 않는다. → 부외 채권
- 위약금 발생 ← 할부 계약
- 자산 계상을 하지 않고 경비로 분할 계상

> **Remember!**
> '시가평가'를 하면 기업의 진정한 재무상태를 파악할 수 있다.

칼럼 Column

● **대손과 세금** ●

회사가 갖고 있는 외상매출금(매출대금 중 받지 못한 돈)이나 대여금과 같은 금전채권이 회수되지 못하게 되는 것을 '대손'이라고 한다. '대손'은 법률적으로 금전채권이 소멸되는 것과 사실상 회수 불가능한 것 그리고 형식상 회수 불가능한 것으로 나뉜다.

회계상으로 회수 불가능한 채권은 손실로 처리할 수 있지만, 세금계산상으로는 손금에 산입(算入)할 수 있는 것은 한정되어 있다.

법률상의 대손에는 회생 계획 허가 결정 또는 회생 계획 인가 결정에 의한 채권 포기와 특별 정산에 관련된 협정의 인가에 의한 채권 포기 등에 의해 버려진 부분의 금액이 세무상으로 손실로 인정된다.

10 '자사 건물'을 구입한 사장은 현명하지 못하다?

···▸ 자사 건물과 임대의 장점과 단점을 각각 비교해 보자.

취직이나 전직을 할 때 자신이 들어갈 회사의 건물이 임대 건물인지 자사 건물인지를 신경 쓰는 사람도 있을 것이다. 경영자도 자사 건물과 임대 중 어느 쪽이 더 이익인지를 따지고 있을지도 모르겠다. 여기에서는 자사 건물과 임대 건물의 장점과 단점에 대해 설명해 보도록 하겠다.

∷ 기분은 상승! 동시에 위험도 상승한다?

먼저 자사 건물의 장점과 단점에 대해 생각해 보자. 우선 자사 건물의 장점으로는 자사 건물을 구입하면 왠지 부자가 된 것 같은 기분이 들기도 하고, 직원의 사기가 상승되며, 경영자의 위치 또한 향상된 듯한 기분이 든다.

그러나 자사 건물을 구입할 때 빚을 내서 토지와 건물 등을 구입하는 경우가 많다. 빚을 내서 자사 건물을 구입하게 되면 토지나 건물과 같은 자산이 증가함과 동시에 이자가 발생되는 차입금이라는 채무 또한 안게 된다. 더욱이 토지의 가격이 내려갈 경우 차입금이 늘어날 가능성도 커진다. 즉, 자사 건물을 구입하면 체면을 세울 수 있는 반면, 그만큼 위험 또한 높아진다고 할 수 있다.

또한 자사 건물을 소유하게 되면 사업 상황에 의해 갑자기 이전을 해야 할 경우 곧바로 매각하지 못할 수도 있다. 더욱이 돈을 빌려 건물을 구입한 경우에는 자산의 증가와 함께 부채도 증가하게 되고, 총자본의 증가에 의해 총자본 경상이익률(➜ p.90)과 자기자본비율(➜ p.88) 등이 나빠질 가능성이 있다.

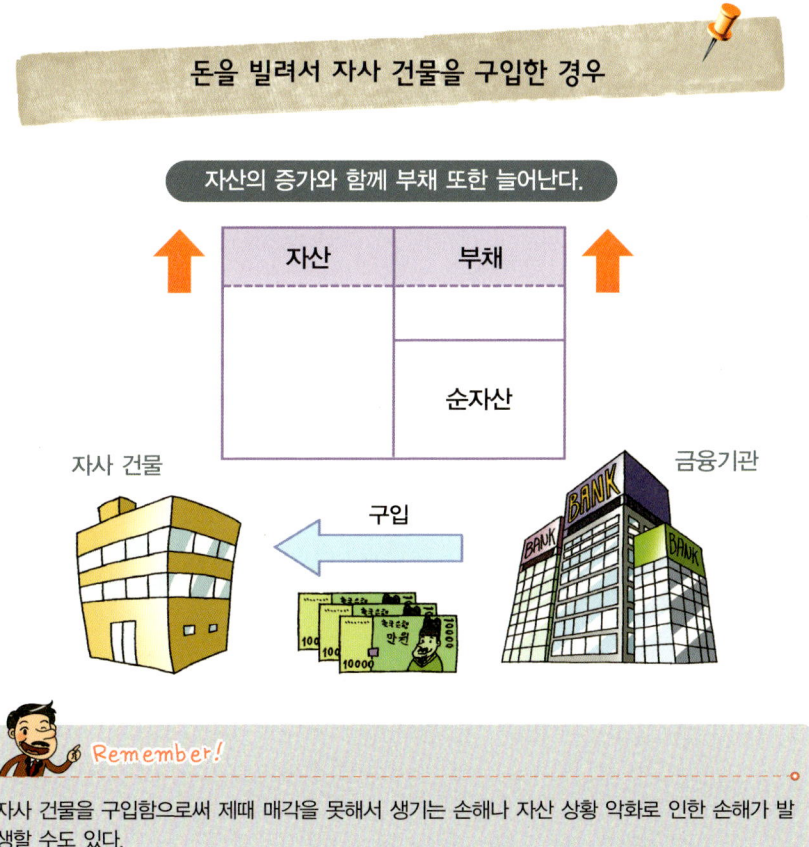

돈을 빌려서 자사 건물을 구입한 경우

자산의 증가와 함께 부채 또한 늘어난다.

Remember!
자사 건물을 구입함으로써 제때 매각을 못해서 생기는 손해나 자산 상황 악화로 인한 손해가 발생할 수도 있다.

:: 자사 건물의 구입으로 절세 효과도 기대할 수 있다?

세금 면에서는 어떨까? 자사 건물의 경우에는 건물 부분만이 감가상각의 대상이 되며, 그 건물이나 건축물의 내용에 따른 연수(年數)로 경비에 산입(算入)한다. 토지는 감가상각의 대상이 아니다(→ p.140).

한편, 경영자 개인이 토지와 건물을 구입해서 자신이 경영하고 있는 회사에게 빌려 주어(집세를 받아) 차입한 돈을 갚거나 상속세를 아낄 수도 있다. 이런 이유로 자사 건물을 구입하는 쪽이 회사인지 개인인지에 따라 절세 효과 또한 크게 달라질 수 있다.

:: 임대는 부담이 적은 반면 위험이 따른다.

그렇다면 임대의 경우를 생각해 보자. 지금까지의 설명을 듣고 임대 건물 쪽이 비교적 위험요소가 적을 것이라고 생각할지도 모르겠다. 그러나 임대 또한 일정한 위험이 따른다.

사업을 하다 보면 여러 가지 문제가 발생될 수도 있고, 건물주와 다투거나 하는 등의 이유로 사업 활동에 지장을 줄 수도 있다. 그러나 임대의 경우 비교적 이동이 쉽고 총자본이 많지 않더라도 경영을 할 수 있다는 장점이 있다.

이렇듯 각각의 사용 용도나 절세 목적 등에 의해 유리한지 아닌지를 선택하는 것이 중요하다. 경영자는 자신이 자사 건물을 갖고 싶어서가 아니라 전문가나 금융기관 등과의 상담을 통해 자산의 구입이 회사에 유리한지 불리한지를 따져보고 결정하는 것이 바람직하다.

자사 건물과 임대 중 어느 쪽이 이익일까?

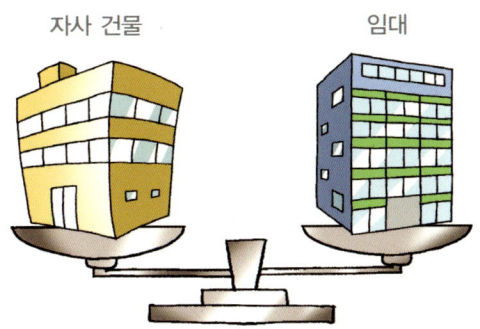

	자사 건물	임대
장점	• 기분이 좋다. • (상대가 있으면) 매각할 수 있다.	• 이전이 쉽다.
단점	• 차입으로 인해 자산 상황이 악화될 수 있다. • 이전하기 힘들다.	• 건물주와 문제가 일어날 가능성이 있다.

 Remember!

사용 용도나 절세 목적에 의해 자사 건물을 구입할 것인지 임대할 것인지를 선택하도록 한다.

11 팔릴 것 같지 않은 상품은 어쩔 수 없이 처분해야 한다?

…▶ '재고자산'과 '불량 재고'에 대하여 알아보자.

∷ 제조 중인 가공품도 재고자산이 된다.

불량 재고란 말을 자주 들어보았을 것이다. 불량 재고를 이해하기 위해서 재고자산에 대해 다시 한 번 확실히 설명해 두도록 하겠다.

재고자산이란

- 매매상품 중 아직 팔리지 않은 물건
- 제조되어 아직 팔리지 않은 제품
- 제조 중인 가공품
- 건설되어 아직 팔리지 않은 건물이나 건축물
- 건설 중이거나 청부 공사 중인 건물이나 건축물
- 원재료

등을 말한다.

결산에서 '재고조사'를 한다는 것은 이런 '재고자산'을 실제로 조사하고 재고자산이 얼마나 있는지를 파악하는 것이다. 앞서 보다 정확한 월차결산을 위해서는 매월 월차로 '재고조사'를 실시하는 편이 좋다고 설명하였다(→

p.52). 그러나 중소기업의 경우 인원이 부족하다거나 회사를 경영함에 있어서 매월 그다지 변동이 없다는 등의 이유로 월차결산을 실시하지 않는 회사도 많은 듯하다.

그럼 '불량 재고'란 어떤 것을 말하는 것일까? 알기 쉬운 예를 들어 보자면, 게임 시리즈물의 경우 일정 기간 팔린 뒤 다음 시리즈가 나오면 처음 시리즈는 이미 정가로 팔기가 어려워진다. 또한 유통기간이 가까워진 식료품 등도 그 전형적인 예라고 할 수 있다.

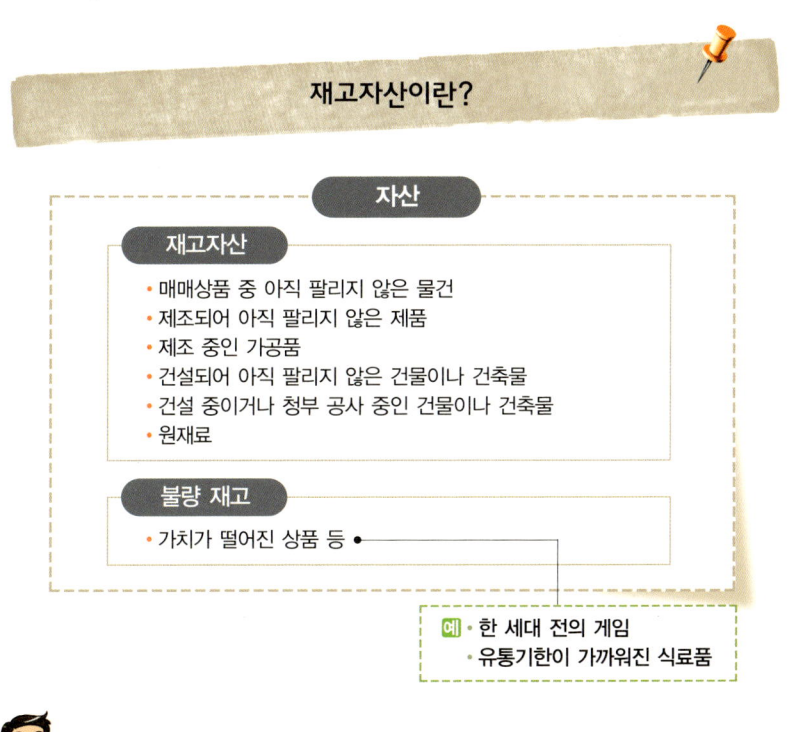

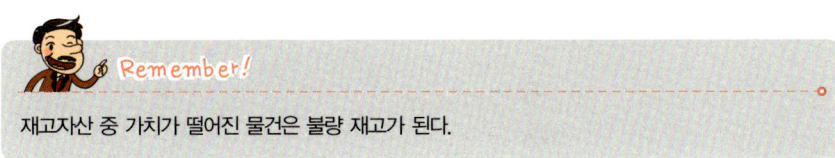

재고자산 중 가치가 떨어진 물건은 불량 재고가 된다.

:: 재고자산은 원칙상 물품을 구입할 때의 가격으로 과세된다.

그러나 재고자산의 평가액은 기본적으로 물품의 구입금액으로 평가하지 않으면 안 되기 때문에, 떨어진 가격 만큼을 매출원가인 비용에 산입시킬 수 없다. 따라서 세금의 부담이 늘어나게 된다(자산에는 세금이 부과된다).

게다가 이런 재고자산은 보관비용(창고관리비용 등)이 계속해서 발생하기 때문에 회사로서는 이익을 없애는 존재, 즉 짐과 같은 존재가 된다. 그렇다면 이런 문제를 해결하기 위해서는 어떻게 해야 좋을까? 물건 값을 내려 팔아 버리거나 이미 상품 가치가 없어진 물건에 대해서는 폐기를 시켜야 한다.

세무조사(稅務調査)
세무공무원이 국세에 관한 조사를 위하여 당해 장부·서류·기타 물건을 조사하는 것을 말한다. 세무조사를 하고자 하는 때에는 당해 납세자에게 조사 개시 7일 전까지 일정한 사항을 기재한 문서로 통지해야 한다. 다만, 범칙사건에 대한 조사 또는 사전통지의 경우 증거인멸 등으로 조사목적을 달성할 수 없다고 인정되는 때에는 사전통지를 하지 않을 수 있다. 세무조사를 마친 경우에는 그 조사결과를 서면으로 납세자에게 통지 하여야 한다.

자산이 줄어든 만큼 세금을 절약할 수 있다. 그러나 폐기한 물건에 대해서는 반드시 그 서류를 보관해 두어야 한다. **세무조사***를 할 때 제대로 설명할 수 있는 서류를 준비해 두지 않으면 인정을 받지 못하는 경우가 생길 수도 있기 때문이다. 또한 가격을 내리거나 폐기시키는 것으로 적자가 생기는 경우도 있으니 주의하도록 하자.

참고로 재고자산의 법인세법상 법정평가 방법(다른 방법을 선택하지 않으면 자동적으로 선택되는 방법)은 기말에 마지막으로 구입했을 때의 단가에 개수를 곱해 계산하는 방식인 최종구입원가법에 의해 계산된다. 즉, 값을 약간 내리지 않으면 팔리지 않을 것 같은 물건도 평가를 낮출 수는 없는 것이다.

가치가 떨어진 상품도 보관료는 발생한다.

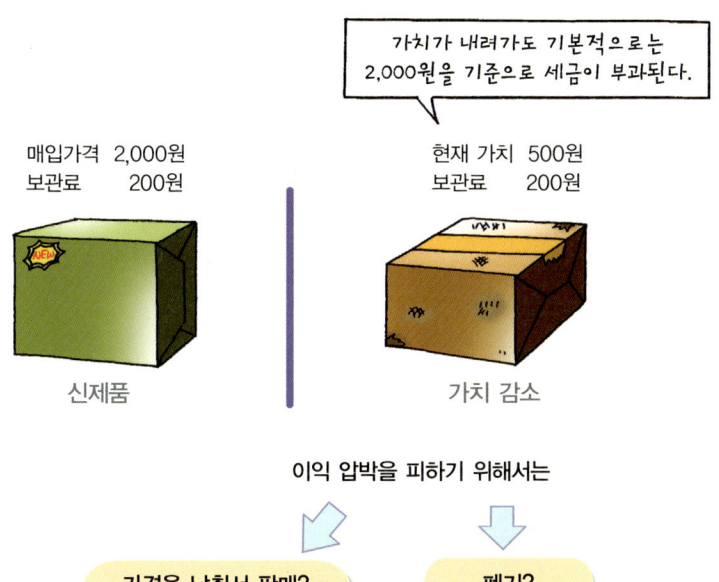

매입가격 2,000원
보관료 200원

신제품

가치가 내려가도 기본적으로는 2,000원을 기준으로 세금이 부과된다.

현재 가치 500원
보관료 200원

가치 감소

이익 압박을 피하기 위해서는

가격을 낮춰서 판매?   폐기?

 Remember!

불량 재고의 경우 보관료나 세금을 생각하면 오히려 폐기해 버리는 쪽이 나은 경우가 많다.

12 수익을 내지 못하는 골프장은 그대로 내버려 두는 편이 나은가?

⋯❖ 불량 자산의 매각에 의한 자금 운용과 세금 절약

∷ 경기가 좋을 때 구입한 자산은 이미 시가가 떨어져 버렸다.

회사에서는 여러 가지 명목으로 자산을 구입한다. 일반적으로 회사는 자금을 조달하고 자산을 제대로 운용해서 이익을 창출하는 곳이지만, 장기간 회사를 운영하게 될 경우 복리후생 시설로 별장을 구입하거나 회삿돈으로 주식과 같은 유가증권을 구입하거나, 골프회원권 등을 구입하기도 한다. 또한 본사의 시설을 시작으로 공장이나 임대용 부동산 등을 구입하는 경우도 종종 볼 수 있다.

1990년대 경기가 좋아지기 이전부터 소유하고 있던 토지 중에는 상당한 추가 이익을 낸 것도 있다. 그러나 반대로 경기가 좋을 때 구입한 골프회원권 등은 재무제표에 올라 있는 장부 가격(구입할 당시의 가격)보다도 시가(현재 매각할 때의 가격)가 꽤 떨어진 경우도 많을 것이다.

주식과 같은 유가증권의 경우 배당 등에 의해 매년 조금씩 이익을 내고 있기 때문에 그 회사가 장기적으로 존속할 가능성이 높다고 판달될 경우에는 그대로 갖고 있어도 좋을 것이다. 그러나 골프회원권이나 별장 중에는 관리

비용(연회비, 비유동자산세, 수도세 및 전기세, 관리비 등)은 드는 반면, 수익을 내지 못하는 것도 있을 수 있다. 이것을 일반적으로 불량 자산이라고 한다. 이런 불량 자산을 계속 갖고 있어도 좋을지에 대한 신중한 검토가 필요하다.

불량 자산

시가도 높고, 수익성도 높다.	시가도 낮고, 수익성도 낮다.
	불량 자산
장부 가격 = 시가총액	장부 가격 / 시가총액
구입 시	현재

Remember!
경기가 좋을 때 구입한 자산은 '불량 자산'이 되어 있을 가능성이 있다.

:: 자금 조달과 세금 절약이 가능하지만 적자의 위험성도 따른다.

예를 들어, 이번 분기에 이익이 많이 나서 세금을 아껴야겠다고 마음을 먹었다고 하자(이익이 발생한 만큼 세금은 증가한다. 이에 대해서는 제4장에서 자세히 설명하도록 하겠다.). 이 경우 회사가 소유하고 있는 골프회원권 중 장부가치가 높은 회원권을 팔면 처분손실이 발생한다. 이익이 줄어든 만큼 세금을 절약할 수 있다. '처분손실×세율'로 절세 효과를 얻을 수 있기 때문에 실제로는 상당한 효과를 보는 셈이다.

또한 그 매각자금으로 새로운 골프회원권을 현재의 시가로 구입할 수도 있다. 게다가 자금 수요가 있는 회사의 경우 불량 자산을 매각하는 것에 의해 은행의 융자를 받지 않고도 일시적으로 자금을 조달할 수도 있다.

그러나 모두 다 좋은 것만은 아니다. 처분손실은 손실이기 때문에 그로 인해 적자가 나 버리는 경우가 생길지도 모른다. 비유동자산 처분손실은 '영업외 비용'의 부분에서 계상되기 때문에 금융기관이 중요하게 생각하는 영업이익에 영향을 미치지는 않는다. 금융기관의 생각에 상관없이 경영자는 회사를 이끌어 나감에 있어서 적자를 내지 않도록 언제나 노력해야 한다는 사실을 잊지 말아야 할 것이다. 이런 손실도 함께 고려해서 매각 여부를 판단하도록 하자.

경영자가 실제로 이런 불량 자산을 매각할 경우에는 전문가와의 상담을 통해 결정하는 경우가 많겠지만, 앞서 말한 계산 방법을 이용할 수도 있다. 계산 방법을 이용한 구체적인 예는 오른쪽 그림과 같다.

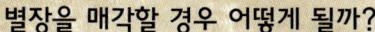

별장을 매각할 경우 어떻게 될까?

5억 원으로 산 별장이 있다. 현재의 매각가치는 2억 원이다.
이것을 매각했을 때에 얻어지는 효과는 무엇인가?

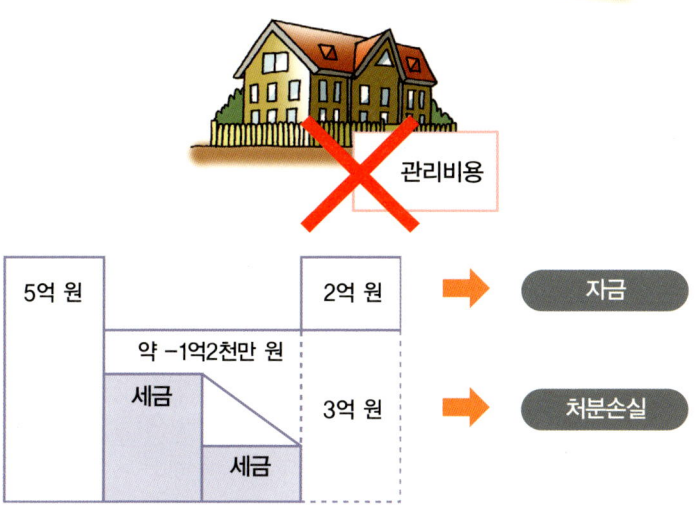

돈의 움직임

- **자금 운용**: 2억 원이 들어왔다.
- **관리비용**: 비유동자산세, 수도세 및 전기세, 관리비 등이 없어진다.
- **손실**: 3억 원의 비유동자산 처분손실이 계상된다(영업 외 비용 부분에서 계상되는 경우가 많다.).
- **세금**: 3억 원×40%(어림셈)=1억2천만 원의 세금 절약 효과가 있다.

 Remember!

수익이 나지 않는 '불량 자산'을 팔면 자금 조달과 세금 절약을 할 수 있지만, 적자에 주의해야 한다.

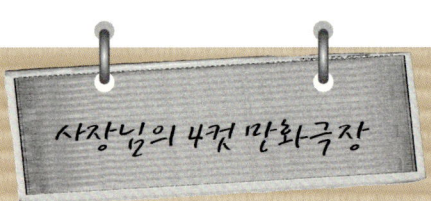

■ 사장님의 고급 승용차로 세금을 아낄 수 있을까? (4-10) ➜ p.146
■ 사원여행은 아무리 호화스러워도 괜찮다? (4-13) ➜ p.156

제  4 장

> 찜찜했던 것이 한번에 해결된다!
> '세금'과 '경리'의 비밀

왠지 귀찮다고 여겨졌던 세금과 경리!
그러나 아무 생각 없이 회사생활을 하고 있는 와중에도 실제로 우리는 여러 가지 '세금'을 납부하고 있다. 또한 회사의 경비나 비용에도 여러 가지 법칙이 있다. 조금만 알아두면, '뭐야! 그렇게 간단한 거였어?'라고 생각될 일이 많아질지도 모른다.

'법인세'는 얼마나 납부하고 있는가?

··❖ 30%가 기본이며 규모에 따라 증감한다.

:: 법인이 납부해야 하는 법인세란 무엇인가?

경기가 어려워지면 정부는 법인세 감세 등에 관한 정책을 발표하기도 한다. 또한 이 책에서도 소개하겠지만, 회사에서는 갖가지 절세 대책을 세우고 있다. 그렇다면 과연 세금은 얼마나 납부해야 하는가?

법인세율은 2008년 개정되어 현행 **과세표준*** 1억 원 이하 13%, 과세표준 1억 원 이상 25%에서 2010년부터는 오른쪽 표와 같이 과세표준 2억 원 이하 10%, 과세표준 2억 원 이상 20%로 하향 조정되었다.

과세표준(課稅標準)
세금을 부과함에 있어서
그 기준이 되는 것

만약 A라는 법인의 연 매출액이 40억 원이고, 과세표준 금액이 3억 원이라고 가정하면, 이 법인은 2008년까지는 최고 6,300만 원의 법인세를 내었지만, 2010년에는 37%가 줄어 4,000만 원만 납부하면 된다.

또한 중소기업의 최저세율은 과세표준의 10%에서 7%로 단계적으로 내린다. 일반기업의 최저세율도 과세표준이 1,000억 원 이하일 때는 13%, 1,000억 원 이상일 때는 13% 또는 10%로 적용된다.

그리고 중소기업과 자영업자의 납부세액이 1천만 원을 초과하는 경우 일시 납부에 따른 자금부담을 완화해 주기 위하여 2회에 나누어 납부토록 분납 기한 연장 제도를 실시하고 있다.

회사가 납부하는 '법인세'

법인세율(2008년 개정, 2010년부터 적용)

구분		과세표준	세율
법인세율	낮은 세율	2억 원 이하	과세표준의 10%
	높은 세율	2억 원 이상	과세표준의 20%
최저세율	중소기업	1,000억 원 이상	과세표준의 7%
	일반기업	1,000억 원 이하	과세표준의 10(13)%

칼럼 Column

● 법인세 인하는 왜? ●

법인세율 인하는 세금 차감 후 수익률을 증가시켜 장기적으로 투자를 활성화함으로써 일자리 창출과 경제 성장에 효과가 있고, IMF, G-20에서도 경제 위기 극복을 위해 감세와 재정 지출 확대 정책을 동시에 추진할 필요성이 있다는 것에 대해 공감대가 형성되었다. 또한 법인세율 인하를 유보할 경우 정책의 일관성이 훼손되어 정부 정책에 대한 국내외의 신뢰성이 떨어지고, 국제적으로 법인세율을 지속적으로 인하하는 추세이기 때문에 우리 기업의 국제 경쟁력을 위해서라도 법인세율 인하는 추진해야 할 필요가 있다.

02 법인세는 무엇에 대해 부과되는가?

→ 손금을 아는 것은 세금 절약의 첫 걸음이다.

∷ '무엇이 손금*이 되는가?'에 대해 알아두어야 하는 이유

법인세는 구체적으로 무엇에 대해 부과되는 것일까? 간단히 말하자면 법인세란 '수익'에서 수익을 얻기 위해 들어간 비용을 뺀 부분에 대해 부과되는 것이다. 그렇다면 수익과 비용이란 무엇인가? 회계에서 사용하는 용어와 세금을 계산할 때에 사용되는 용어가 서로 조금씩 다르기 때문에 설명해 두려고 한다. 회계의 경우 다음과 같은 구조로 이루어져 있다.

> 수익 − 비용 = 이익

손금(損金)
과세표준을 계산하는 데 있어서 과세소득의 차감 항목으로 계산되는 손실금 등을 말한다. 사업소득에서 지출되는 필요 경비나 개인소득에서 차감되는 의료비공제, 근로소득공제 등이 해당된다.

회계상으로는 '수익'이 곧 이익이 된다. '비용'이란 수익을 창출하기 위해 사용되는 비용을 말한다. 회사에서 납부하는 법인세의 경우

> 수익금 − 손금 = 소득(과세표준)

이란 계산 방법이 사용된다. 법인세는 이 '소득'에 의해 결정된다.

이 공식에서 알 수 있듯이 법인세를 줄이기 위해서는 세금계산상의 손실금을 늘려야 한다. 'OO는 손금이 되는가, 되지 않는가?'라는 말을 하는 이유가 바로 이 때문이다. 손금(≒경비)이 발생하면 소득이 줄게 되고, 그로 인해 세금을 줄일 수 있다. 따라서 세금을 절약하기 위해서는 어느 것이 손금이 되고 되지 않는가를 파악하는 일이 매우 중요하다고 할 수 있다.

일반적으로 이런 손금을 매입이나 외주비, 기타 경비라고 부른다. 중소기업의 경우에는 수익과 **익금***, 경비와 손금이 거의 같다고 할 수 있다. 결국 회계상으로 사용되는 용어와 법인세를 계산할 때 사용되는 용어의 차이일 뿐인 것이다.

익금(益金)
법인세법에서 규정하는 것을 제외하고 그 법인의 순자산을 증가시키는 거래로 인하여 발생하는 수익금

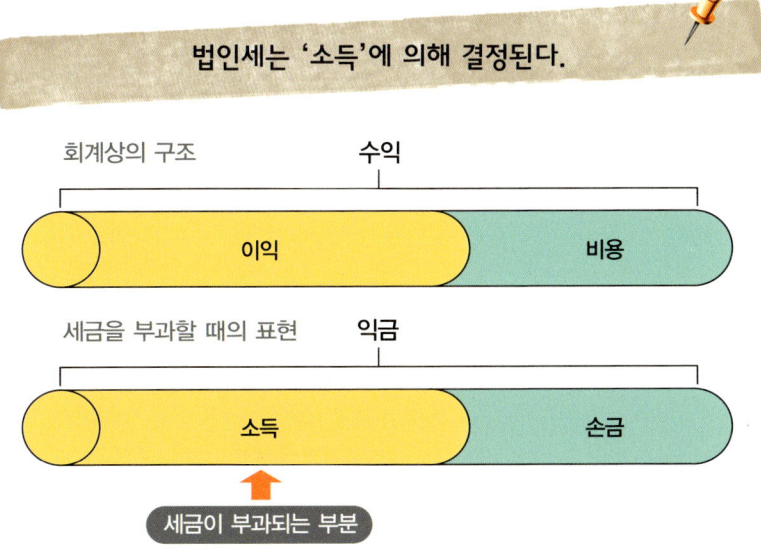

법인세는 '소득'에 의해 결정된다.

회계상의 구조 — 수익
이익 | 비용

세금을 부과할 때의 표현 — 익금
소득 | 손금
↑
세금이 부과되는 부분

Remember!
세금을 절약하기 위해서는 무엇이 손금이 되는지를 알아두는 것이 중요하다.

:: 경비가 되더라도 손금이 안 되는 경우가 있다?

그러나 손금=경비(비용)라고 하기에는 조금 차이가 있다. 앞으로 손금이나 경비라는 용어가 자주 나오므로 여기에서 구체적으로 설명해 두도록 하겠다.

예를 들어, 수입금액이 100억 원 이하인 기업에서 접대비 한도액 2천만 원을 초과하여 지출한 접대비에 대해서는 1원도 손금에 산입할 수 없다(→p.152). 이 때문에 '교통비의 손금불산입(損金不算入)'이라는 용어를 사용한다.

즉, 경비이면서도 손금은 아니라는 것이다. 다시 말해 회사의 돈을 사용하는 것은 괜찮지만, 세금계산상으로는 손금이 되지 않는다는 뜻이다. 이렇듯 수익의 금액과 익금의 금액, 비용의 금액과 손금의 금액은 실제로 조금씩 차이가 있다. 중소기업에서는 회계와 세무의 수치가 그다지 다르지 않지만, 대기업에서는 상당히 달라지는 경우가 있다.

대기업의 경우 결산을 할 때 금융상품거래법을 시작으로 여러 규칙에 의해 엄격하게 회계기준이 규정되어 있기(세효과(稅效果) 회계·감손회계) 때문이다.

반대로 세금계산의 경우에는 어떻게 회계를 하더라도 동일한 결과가 나온다(공평성의 관점). 즉, 회계의 경우에는 동일한 경영을 하고 있더라도 회사에 따라서 재무제표가 달라지게 되는 것이다.

봉급생활자가 회사생활을 하면서 '경비로 한다'라고 하면 회사에서 돈을 지급받을 수 있다(=비용이 된다)고 생각할지도 모른다. 그러나 아무리 비용이 된다(=회사의 돈을 사용한다)고 하더라도 세금상으로는 '경비가 된다' 즉, 손금이 된다고 할 수 없다.

이 책에서 절세를 설명할 때에 사용하는 '경비가 된다'는 의미 역시 세금상 손금으로서 계상할 수 있는가라는 의미가 된다.

모두 '경비'라고 부르지만, 각각 다르다?

세무사님, 이 접대비를 경비로 처리할 수 있습니까?
=회사의 손금으로 계상해서 절세할 수 있습니까?

사장님! 지난번 회식에서 사용한 돈을 경비로 처리해도 괜찮을까요?
=회사의 돈을 사용해도 괜찮을까요?

 Remember!

'경비'라고 하더라도 세무상 손금이 되지 않는 경우도 있다.

03 회사가 내야 할 세금은 법인세 이외에도 많다.

⋯▶ 절세 대책이 필요한 이유를 알아보자.

▪▪ 회사에서 납부하는 세금이 이렇게나 많아?

　회사를 경영할 경우 법인세 이외에도 여러 가지 세금이 부과된다. 법인세는 소득에 대해 부과되지만, **주민세***는 이런 법인세액을 근거로 산출되며 회사의 소재지나 지점의 소재지가 있는 시, 도, 읍, 면 등의 세무당국이 과세한다. 사업소세는 회사가 영위하는 사업에 따라 각각의 시·군·구청이 과세한다(일정한 사업에 대해서는 면세가 되기도 한다.). 또한 사업장 면적이 100평 이상인 사업장을 갖고 있거나 종업원 수가 50인 이상의 경우에는 사업소세가 과세되는 경우도 있다.

　이 밖에도 널리 알려진 세금으로는 부가가치세가 있다(➜ p.134). 또한 사업을 하는 데에 있어서는 일반적으로 다음과 같은 세금이 부과된다.

주민세(住民稅)
지방세의 하나. 그 지역에 거주하는 개인과 그 지역에 사무소나 사업소를 둔 법인, 또는 그들의 소득에 대하여 부과한다.

- 사업장을 둔 자에게 각 시·군·구청이 환경개선과 정비에 필요한 비용을 충당하기 위해 과세하는 사업소세
- 부동산(토지, 건물 등)을 갖고 있을 때 부과되는 재산세
- 자동차를 갖고 있을 때 부과되는 자동차세

- 자동차를 구입했을 때 부과되는 취득세
- 상품을 매매할 때 부과되는 부가가치세

이렇듯 회사를 경영하기 위해서는 여러 가지 세금을 납부하지 않으면 안 된다. 따라서 세금을 적게 내기 위해 노력하는 것도 매우 중요하다. 세금을 덜 내는 것을 '절세'라고 한다. '절세'를 제대로 해서 회사에 이익을 남기는 것도 경영 수완의 하나라고 할 수 있겠다.

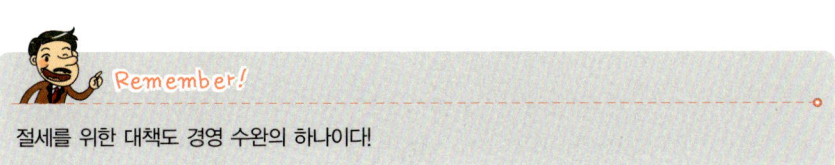

절세를 위한 대책도 경영 수완의 하나이다!

04 나도 모르게 빠져나가는 '소득세 원천징수'

···▶ 소득을 지급한 쪽에서 납부하는 소득세

:: 공제하는 것을 잊어버리더라도 납세의무는 회사에 남아 있다.

봉급생활자라면 이미 회사에서 '소득세가 원천징수' 되어 공제된 금액을 급여로 받고 있을 것이다. 일반적인 소득세 원천징수에는 회사가 사원에게 월급을 지급한 경우에 월급에서 공제한 소득세, 탤런트에게 보수를 지불한 경우에 그 보수에서 공제한 소득세, 변호사나 법무사·회계사·변리사·사회보험노무사 등에게 지급한 보수에서 공제한 소득세 등이 있다.

이런 소득세에 대한 납세의무자는 회사(소득을 지불한 측)가 된다. 지급받은 쪽에서 보면 소득세를 스스로 납부하지 않아도 되기 때문에 편리하지만, 회사 쪽에서 보면 공제하는 것을 잊어버리더라도 납세의무를 져야 하는 것이다.

회사는 개인의 소득에 대해 원천징수세액을 납부해야 한다.

소득을 지급한 쪽이 납세의무자가 된다.

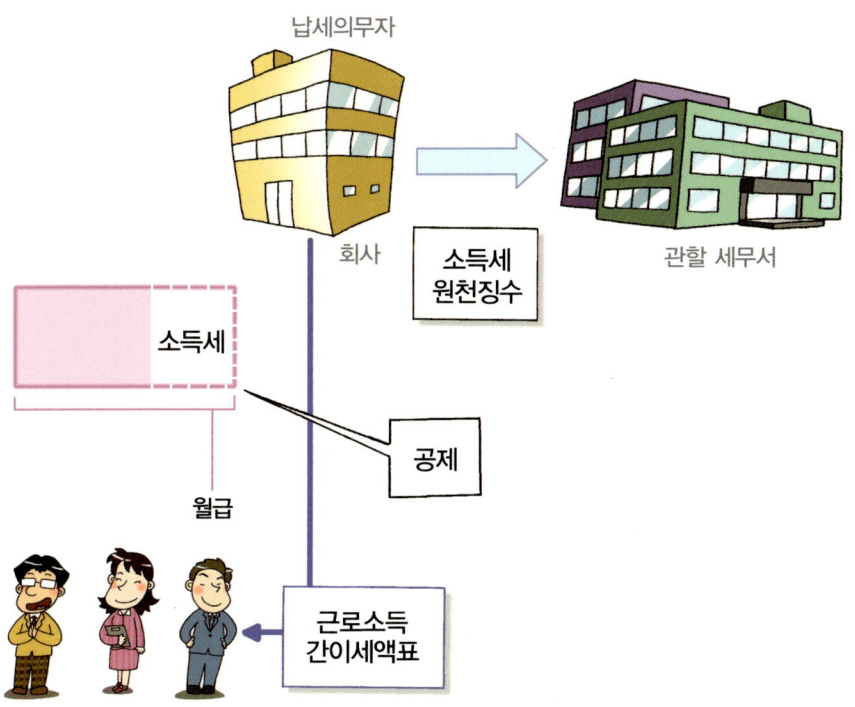

● 납부기한에 늦지 않도록 주의하라! ●

납부기한은 월급을 지급한 달의 다음 달 10일까지이다. 납부기한이 하루라도 늦어지면 납부불성실가산세로서 연체금이 붙게 된다. 또한 월급을 지급할 때 원천징수를 하는 경우에는 갑란, 을란, 병란에 따라 징수하는 금액이 달라진다. 세무서에서 확인하거나 전문가에게 지도를 받아 정확히 처리할 수 있도록 준비해 두는 것이 좋겠다.

∷ 근로소득 간이세액표 내용은 무엇인가?

　　회사원은 회사에서 받은 근로소득 간이세액표로 1년간 자신이 얼마나 원천징수되었는지를 확인할 수 있다(오른쪽 위의 표). 한편 회사의 원천징수 관리부서는 원천징수한 소득세를 징수해야 할 달의 다음 달 10일까지 관할 세무서에 납부해야 하며, 납부하지 아니하면 $\frac{10}{100}$에 해당하는 가산세를 물게 된다. 근로소득 간이세액표를 쉽게 파악할 수 있는 방법은 다음과 같다.

① **급여총액:** 기본급을 포함한 기타 제수당을 합계한 금액이다.
② **공제금액:** 근로자 본인이 부담할 건강보험료, 연금 등을 공제한 금액이다.
③ **원천징수세액:** 회사를 통해 원천징수한 소득세를 납부한 금액이다. 예를 들면, 홍길동 씨(오른쪽 아래 표)의 경우 급여총액이 3,329,300원으로, 급여총액을 기준으로 부양가족 2인에 해당하는 원천징수세액은 근로소득 간이세액표상 135,890원이고, 주민세는 원천징수세액의 10%를 납부한다.

● 원천징수한 소득세의 납부는 단축시킬 수 있다 ●

　　소규모 회사(사원이 10인 미만)의 경우 '원천징수한 소득세의 납부특례승인에 관한 신청서 겸 납기특례적용자에 관한 납부기한의 특례에 관한 신청서'라는 신청서를 제출하는 것으로 신청서를 제출한 날의 다음 달부터 매월 납부하던 원천징수한 소득세를 연 2회로 단축시킬 수 있다(1월~6월까지 원천징수한 소득세는 7월 10일에, 7월~12월까지 원천징수한 소득세는 1월 20일에 납부). 단, 국세를 미납한 경우에는 1월 20일이 아니라 1월 10일에 납부해야 한다. 그러나 탤런트에게 지급하는 보수에 대한 소득세 등은 특례적용대상이 되지 않기 때문에 지급한 달의 다음 달 10일까지 납부하지 않으면 안 된다.

④ **실수령액:** 급여총액에서 세금총액 및 공제총액을 차감한 후 근로자에게 지급되는 금액이다.

소득세 원천징수 내용

근로소득 간이세액표

(단위: 원)

월급여액(천원) (비과세 및 학자금 제외)		공제대상 가족의 수(20세 이하의 자녀수가 2인 이상인 경우 다자녀 선택)								
		1	2	3		4		5		6	
이상	미만			일반	다자녀	일반	다자녀	일반	다자녀	일반	다자녀
3,320	3,340	155,890	135,890	83,900	77,230	63,900	58,810	49,480	44,810	35,480	31,290
3,340	3,360	158,540	138,540	86,340	79,680	66,340	60,520	51,190	46,520	37,190	32,520
3,360	3,380	161,200	141,200	88,760	82,090	68,760	62,210	52,880	48,210	38,880	34,210
3,380	3,400	163,850	143,850	91,170	84,510	71,170	64,510	54,570	49,900	40,570	35,900
3,400	3,420	166,510	146,510	93,590	86,920	73,590	66,920	56,260	51,590	42,260	37,590

〈자료〉 국세청 2009년 근로소득 간이세액표

급여지급 명세서

(단위: 원)

회사명	(주)한국상사	사원명	홍길동	직위	과장	발령일	1998. 05. 01.
급여내역			세금내역		공제내역		
기본급	2,689,300	소득세		135,890	건강보험		129,480
정근수당	320,000	주민세		13,589	노인장기요양보험		6,180
급식비	130,000				연금		256,130
교통보조비	130,000						
가족수당(배우자)	40,000						
가족수당(자녀)	20,000						
급여총액	3,329,300	세금총액		149,479	공제총액		391,790
실수령액			2,788,031				

05 회사에서 납부하는 부가가치세는 어떻게 계산되고 있는가?

❖ 부가가치세의 간이과세자 세액 계산은?

간접세
직접세의 대응 개념으로, 납세의무자와 조세부담자가 다른 세금. 납세의무자가 일단 납세를 하되, 그 조세가 물품의 가격에 포함되는 등의 방법에 의해 조세부담자에게 전가되는 것으로 납세의무자는 직접 납세한다는 느낌을 받지 못하는 세금

∷ 부가가치세란?

　부가가치세(value added tax; VAT)는 기업이 재화나 용역을 생산 또는 유통과정에서 발생하는 가치 즉, 부가가치에 대하여 부과하는 일반소비세로 **간접세***이다. 기업은 국내에서 재화나 용역을 제공할 때는 매출가액에 대한 일정률(10%)의 세액을 징수해야 하는데, 이것을 매출세액이라고 한다. 반대로 재화나 용역을 취득할 때는 매입가액에 대한 세액(10%)을 납부해야 하는데, 이것을 매입세액이라고 한다.

∷ 부가가치세의 계산

　만약 연간 매출 110만 원(부가가치세 10만 원 포함), 매입 66만 원(부가가치세 6만 원 포함)인 소매업자가 있다고 하자. 이 경우 납부해야 할 부가가치세는

매출세액(₩100,000) − 매입세액(₩60,000) = 납부할 세액(₩40,000)

이다.

이것이 바로 전단계세액(매입세액)공제 방식이다. 즉, 매출 부가가치세에서 매입 부가가치세를 뺀 차액을 납부하면 되는 것이다.

단, 부가가치세를 원칙적 방법에 의해 신고할 경우에는 매출 또는 매입 시 세금계산서 등을 보관해 두어야 한다.

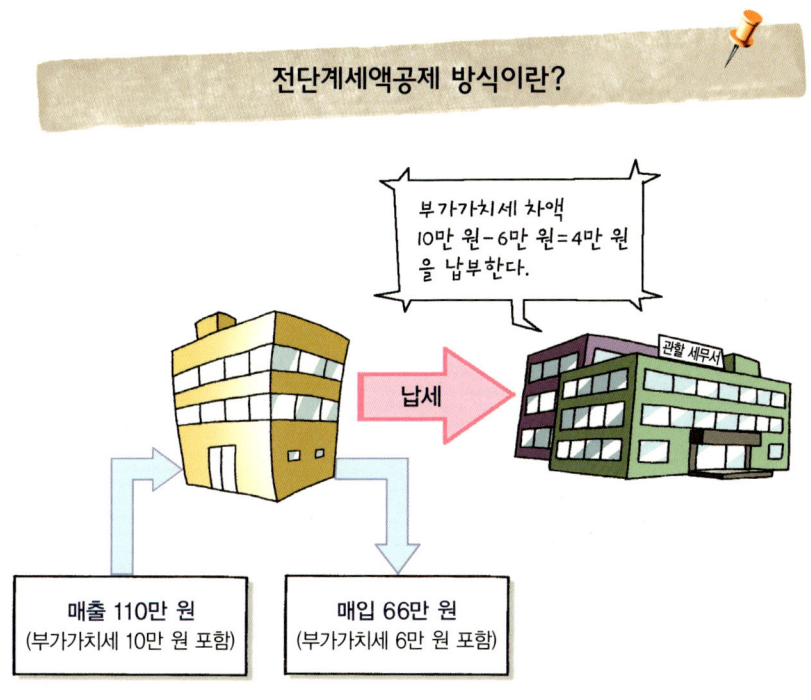

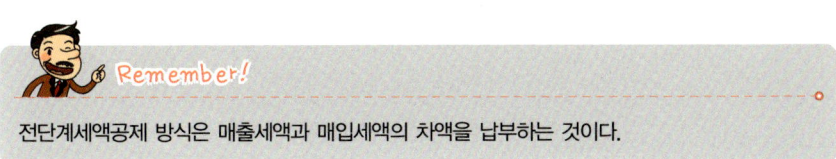

전단계세액공제 방식은 매출세액과 매입세액의 차액을 납부하는 것이다.

:: 일정한 조건에 해당되는 회사가 선택할 수 있는 간이과세 방식

일반과세자 납부 방식 이외에 간이과세 방식이 있다. 이 방식은 연간(부가가치세 포함) 매출이 4,800만 원 이하인 회사가 선택할 수 있다. 이러한 간이과세자는 세금계산서를 발행할 의무도 없으며, 1,200만 원 미만인 경우에는 부가가치세 납부도 면제받을 수 있다.

간이과세의 경우 납부할 부가가치세는

> 매출세액 = 공급가액(부가가치세 포함) × 업종별 부가가치율 × 세율(10%)

> 매입세액 = 매입액 × 업종별 부가가치율

이 된다.

만약 음식업인 경우 연간 매출이 4,000만 원이고, 매입액이 2,000만 원이면 매출세액은

40,000,000원 × 0.4 × 0.1 = 1,600,000원

이고, 매입세액은

20,000,000원 × 0.4 = 8,000,000원

이므로

매출세액(1,600,000원) - 매입세액(800,000원) = 납부할 세액(800,000원)

이 된다. 이 사례의 경우에는 간이과세 방식을 선택해야 부가가치세를 적게 납부할 수 있다.

이렇듯 과세 방식의 차이에 의해 납세액이 달라지기 때문에 잘 검토해서 유리한 쪽을 선택해야 하겠다.

간이과세 방식이란?

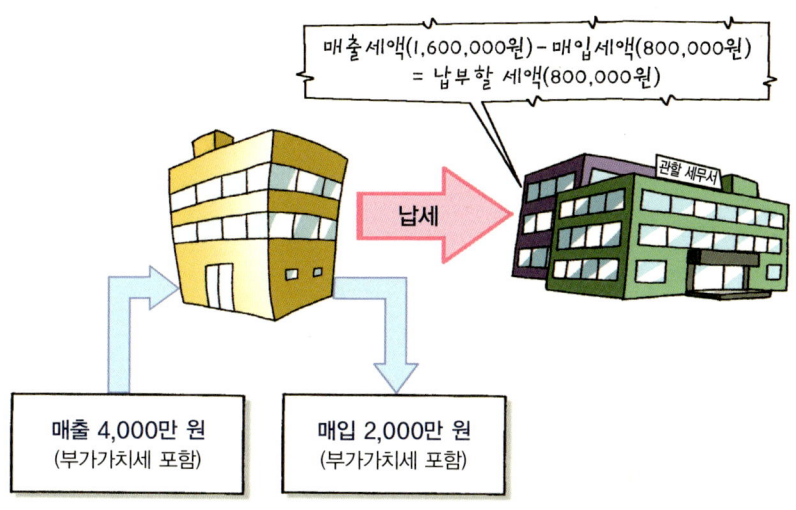

간이과세자 업종별 부가가치율

업종	부가가치율	비고
제조업, 전기, 가스 및 수도 사업, 소매업 등	20%	소매업은 2009. 12. 31.까지 15% 적용
농업, 건설업, 부동산임대업, 기타 서비스업	30%	
음식업, 숙박업, 운수 및 통신업	40%	음식업, 숙박업은 2009. 12. 31.까지 30% 적용

 Remember!

간이과세 방식은 업종별 부가가치율을 적용한 매출세액에서 매입세액을 뺀 차액을 납부한다.

06 '탈세'를 하면 어떻게 되나?

⋯✢ 프로가 보면 단번에 알아차리는 경우가 많다!

∷ 부담을 줄이려고 '탈세' 하는 회사가 받는 제재는 무엇일까?

앞서 회사에서 납부하는 세금에는 여러 종류가 있으며, 이런 세금들이 합쳐지면 꽤 큰 부담이 된다고 이야기하였다. 종종 이런 부담에서 도망치기 위해 회사가 탈세를 해서 뉴스에 보도되기도 한다. 그렇다면 탈세를 하게 되면 구체적으로 어떻게 되는 것일까?

'탈세'는 절대로 해서는 안 되는 행위이다. '탈세'를 하면 세무관청에게도 주목을 받게 되고, 정기적으로 세무조사를 받을 가능성도 높아진다. 또한 탈세가 발각될 경우 일반적인 법인세, 부가가치세, 사업소세, 재산세 이외에도 과소신고가산세, 중가산세, 연체료 등의 벌금이 부과된다. 이 세금은 납부하더라도 손금에 산입되지 않는다.

또한 일반적인 세무조사는 3년간의 신고분에 대해 행해지지만, 악질적인 경우(매출을 장부에 계상하지 않는 매출 제외나 가공장부 등)에는 5년 또는 7년간 수정을 하게 하는 경우도 있다. 프로가 보면 단번에 알아차리는 경우가 대부분인 것이다. 또한 '탈세로 세금을 납부해서 돈이 부족하니 융자 좀

해주세요.'라고 금융기관에 부탁할 수도 없는 일이기 때문에 회사의 자금 운용에도 커다란 악영향을 미치게 된다.

종업원의 부정에 의한 매출 제외가 발견되더라도 회사의 매출 제외로서 과세를 당하기 때문에 제대로 된 내부 통제 또한 필요하다. 현금 거래의 경우에는 더욱 각별한 주의가 필요하다.

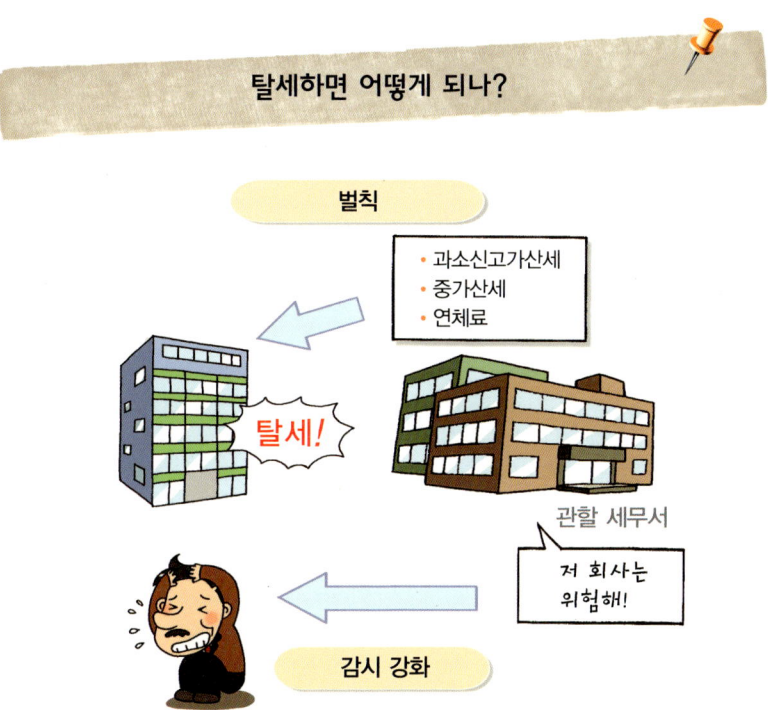

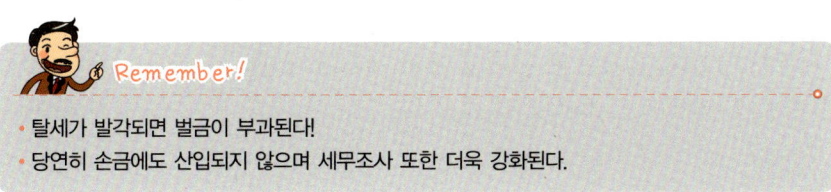

- 탈세가 발각되면 벌금이 부과된다!
- 당연히 손금에도 산입되지 않으며 세무조사 또한 더욱 강화된다.

07 '감가상각'을 이해하자.

···> 시간이 지남에 따라 자산의 가치는 줄어든다.

∷ 자산은 줄어들고 그만큼의 비용은 나누어 계상한다.

회사의 자산을 이해하기 위해 알아두어야 할 것 중 하나가 바로 '감가상각'이다. 감가상각이란 무엇인가? 자동차나 건물 등 비교적 고가의 자산을 구입한 경우 시간이 지나면 자연히 그 자산의 가치는 떨어지게 된다. 감가란 가치가 감소한다는 뜻이다. 즉, 자산의 취득가치를 일정 기간에 걸쳐 비용을 배분해 가는 것이 감가상각인 것이다.

건물 이외에도 구축물, 기계 및 장치, 차량 및 운반구, 공구, 기구 및 비품 등도 감가상각을 하는 자산이다. 이런 눈에 보이는 자산 이외에도 특허권이나 실용신안권도 감가상각 자산에 포함되며, 의외일지도 모르나 소나 말, 돼지와 같은 동물들도 그 대상이 된다.

한편 토지는 시세에 의해 가격이 달라지지만, 연수(年數)와는 관계가 없기 때문에 감가상각의 대상이 되지 않는다. 또한 유명한 화가의 그림이나 골동품 또한 시대가 흐름에 따라 그 가치가 상승하기 때문에 감가상각의 대상이 되지 않는다.

감가상각을 하는 연수는 법률로 정해져 있다. 몇 가지 예를 들어 보면 철근·철골·시멘트로 지어진 사무소용 건물은 40년, 일반 자동차는 5년, 컴퓨터는 4년이다.

중고 자산에 대한 감가상각의 연수는 당연히 짧아진다. 비용 배분에 관한 계산 방법도 법률로 세분화되어 있기는 하지만, 여기에서는 일정 기간에 걸쳐 비용을 배분해서 자산을 계산한다는 정도만 알아두도록 하자.

감가상각이란?

매년 일정 비율로 자산 가치의 감소를 계산한 금액을 비용 배분한다.

자산 가치

2009년 2010년 2011년 2012년

자산의 가치는 사용과 함께 떨어진다.

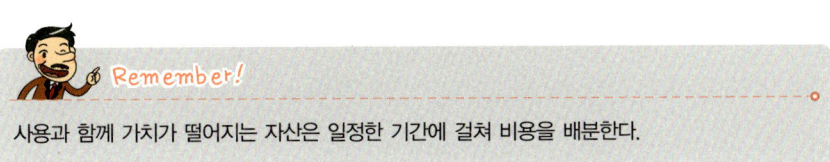

Remember!
사용과 함께 가치가 떨어지는 자산은 일정한 기간에 걸쳐 비용을 배분한다.

리스를 하는 것이 사는 것보다 이익인가?

··▸ 구입하지 않는 편이 좋을 때가 있다.

:: 리스란 무엇인가?

회사의 복사기나 컴퓨터 중 리스로 사용하고 있는 물품이 있을 것으로 생각한다. 리스를 하면 어떤 점이 좋을까? 리스란 일반적으로 자산을 빌려서 그 사용료를 지불하는 것을 말한다.

리스 금액은 중도 해약이 불가능하기 때문에 기본적으로 법인세상 리스료로 지불하는 만큼은 손금에 산입된다. 그 자산의 구입가격을 그 자산의 **내용연수***로 나누어 감가상각비로서 비용을 처리해 가는 것이다. 중도 해약이 가능한 물품에 대해서는 임대가 아닌 매매한 것으로 간주된다.

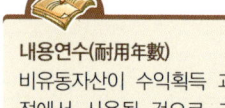

내용연수(耐用年數)
비유동자산이 수익획득 과정에서 사용될 것으로 기대되는 기간을 말한다.

그렇다면 구입을 하는 것과 리스를 하는 것 중 어느 쪽이 더 이익일까? 리스를 할 경우의 가장 큰 장점은 자금을 조달할 필요가 없다는 것이다. 리스가 아닌 구입을 했을 경우에는 구입한 자산만큼 자금을 조달하지 않으면 안 된다. 만일 금융기관으로부터 자금을 빌릴 경우에는 자기자본비율이 낮아져서 다른 사업자산의 차입 등에도 영향을 미칠 수 있다.

대부분의 리스 계약은 그 회사의 신용조사 결과에 의해 이루어진다. 여기에서도 알 수 있듯이 기업의 경영 성적과 자산 상태는 매우 중요하다. 리스는 중도에 해약할 수 없지만, 구입을 하게 되면 중도에 매각할 수도 있다. 하지만 리스를 하면 관리가 간편해진다. 예를 들어, 자동차를 구입했을 경우에는 점검이나 차검, 자동차보험, 자동차세 납부 등의 관리 업무가 필요하지만, 리스를 하면 리스 회사에서 보험이나 점검 등 모든 업무를 대신 수행하기 때문이다.

'어느 쪽이 이익인가?'라는 질문에 한마디로 대답하기는 어렵다. 위와 같은 여러 가지 조건을 고려해서 어느 쪽을 선택할지 결정하도록 하자.

구입과 리스, 어느 쪽이 이익인가?

	구입	리스
장점	• 매각이 가능하다.	• 자금을 조달할 필요가 없다. • 관리비용이 들지 않는다.
단점	• 자금을 조달해야 한다. • 관리비용이 든다.	• 중도 해약이 불가능하거나 중도 해약의 경우 해약금이 청구된다. • 신용조사를 받을 수 있다.

09 결산 보너스! 우리 사장님은 통이 크다?

⟶ 결산 상여금도 '손금'이 될 수 있다.

∷ 결산시기에 있을 법한 절세 대책

회사에서 종종 결산월에 결산 상여금(보너스)을 지급하는 경우가 있다. 봉급생활자는 생각지도 못한 상여금을 받게 되어 기쁠 것이다. 더욱이 이런 결산 상여금은 회사의 경영자에게는 세금을 아낄 수 있는 절세의 측면도 갖고 있다.

종업원에게 상여금을 지급하였을 경우 원칙적으로 그 돈은 지급한 날을 기준으로 회사의 경비가 된다. 따라서 3월에 결산을 하는 회사가 3월에 상여금을 지급하면 3월의 경비(손금)가 되고 그만큼 세금이 낮아진다. 그렇다면 이 상여금을 4월 이후에 지불하더라도 3월의 결산 상여금으로 인정받을 수 있을까? 이 경우에는 상여금 지급이 4월 이후이기 때문에 지출한 달의 경비에 넣으면 문제가 없지만, 만일 3월의 결산 경비로 처리하고 싶을 경우에는 다음과 같은 조건을 만족시켜야 한다.

① 3월 달까지 지급할 금액을 결정할 것
② 결산한 금액을 지급할 사원에게 통보할 것
③ 지급금액을 결산월의 다음 달(이 경우에는 4월) 중에 지급할 것

이런 조건이 모두 충족될 경우 4월 이후에 상여금을 지급하더라도 3월 달의 손금으로 인정받을 수 있다. 불경기이기 때문에 더더욱 세금을 아낄 수 있고 종업원에게 동기도 부여해 줄 수 있는 결산 상여금을 지급하는 경영자가 많았으면 좋겠다.

상여금을 경비로 계상하기 위한 조건
- 결산월까지 지급금액을 결정해야 한다.
- 지급금액을 사원에게 통보해야 한다.
- 결산월의 다음 달까지 지급해야 한다.

Remember!
결산월에 지급하는 상여금은 일정 조건을 충족시킬 경우 경비(손금)가 된다.

10 사장님의 고급 승용차로 세금을 아낄 수 있을까?

···▶ 자동차의 경우에는 감가상각비와 자산 운용에 주의하라!

▪▪ 결산시기에 자동차를 구입해도 괜찮을까?

세금을 아끼기 위해서 결산시기가 가까워졌을 때 일부러 자동차를 구입해서 비용을 늘리려고 하는 경영자가 있다. 자동차는 고가(高價)이기 때문에 한 대에 적어도 몇 천만 원의 경비(손금)를 늘릴 수 있을 거라고 오해하고 있는 것이다.

자동차를 구입하더라도 사용가능 기간(내용연수)에 따라 그 자산의 가치 감소 상당액(감가상각비)이 비용으로 계상된다(→ p.140). 즉, 감가상각비는 구입한 해를 달로 나누어 계상하기 때문에 구입금액이 모두 경비(손금)가 되는 것은 아니다.

예를 들어 5,000만 원짜리 차를 구입했을 경우 새 차라면 내용연수가 5년이며 1개월분의 감가상각비는 833,330원이다. 따라서 3월에 결산을 하는 회사에서 1월에 이 자동차를 구입했을 경우 3개월분의 감가상각비 833,330원 × 3 = 2,499,990원이 당기의 경비(손금)가 된다. 이렇듯 5,000만 원의 자금이 지출된 반면, 손금에 산입할 수 있는 금액은 적기 때문에 자금 운용에도 커다란 영향을 끼치게 된다. 세금을 아끼기 위해서는 자금을 고려한 대책을 세워야 한다는 것은 두말할 필요도 없이 당연한 것이다.

3월에 결산하는 회사에서 1월에 5,000만 원의 자동차를 구입

세금을 아끼기 위해서야!

5,000만 원

- 5년으로 '감가상각'
- 1개월당 감가상각비 = 833,330원

| 3월 | 4월 | 5월 | 6월 | 7월 | 8월 | 9월 | 10월 | 11월 | 12월 | 1월 | 2월 |

이것뿐이라고?

당기의 경비: 2,499,990원

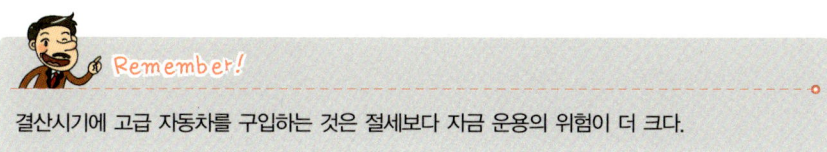

Remember!
결산시기에 고급 자동차를 구입하는 것은 절세보다 자금 운용의 위험이 더 크다.

11 사장님의 높은 월급을 세금 대책이라고 할 수 있을까?

⋯⋗ 임원보수와 세금과의 관계

∷ 일하지 않는 명목상의 임원을 늘려서는 안 된다.

사장의 월급 결정에 대해서는 이미 앞에서 설명하였다(➡ p.38). 여기에서는 월급 결정의 세무상 의미에 대해 이야기해 보자.

중소기업의 경우 사장, 부인, 아들과 같이 혈연으로 임원을 구성하는 경우가 많다. 또한 고생해서 벌어들인 이익을 세금으로 빼앗기지 않기 위해 임원의 보수를 높게 책정해서 회사를 적자로 만들어 버리는 경우도 종종 있다. 그렇다면 이렇게 임원의 보수를 높게 책정하면 세금을 아낄 수 있을까? 그 대답은 '아니다' 이다.

같은 업종, 같은 규모의 회사와 비교해서 터무니없이 보수가 높을 경우에 높은 보수 부분은 손금에 산입되지 않는다.

또 종종 일가친척들을 임원으로 올려놓고 사장의 월급을 분산시켜 소득세의 세율을 낮추기도 한다. 하지만 일가친척인 임원들이 실제로는 일을 하고 있지 않거나, 일을 하고 있다고 하더라도 업무의 내용에 비해 보수가 너무 높을 경우에는 당연히 세무조사에서 지적을 받게 된다.

의심스러울 정도의 높은 보수는 세무서로부터 지적을 받는다.

임원의 보수가 너무 높으면 손금으로 산입되지 않아 절세 대책이 되지 않는다.

또한 임원의 자녀가 회사에서 일을 하고 있을 경우, 임원의 아들이기 때문에 다른 사원과 비교해서 높은 월급을 지급하고 있을 경우에도 지적을 받을 수 있다.

또한 법인세법상 주주총회가 열린 다음 날 이후의 돌아오는 월급날부터 다음 해의 정기 주주총회의 결정일 사이에는 임원보수를 변경할 수 없다. 도중에 경기가 조금 어려워졌다고 해서 월급을 삭감하려고 하는 것도 인정을 받지 못한다.

임원의 보수를 결정할 때는 예산 등을 고려하고 적정한 추정이익에 근거하여 결정해야 한다. 임원의 보수는 주주총회에서 이사나 감사의 보수총액을 결정하는 것이 전제가 되기 때문에(➡ p.38) 의사록과 같은 기록서류를 보관해 두어야 한다.

임원 상여금은 원칙적으로 손금이 되지 않지만, 예외적으로 인정받는 경우도 있다.

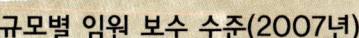

규모별 임원 보수 수준(2007년)

(단위: 천원)

규모	사장	부사장, 전무	상무, 이사
500명 이상	229,472	148,900	120,457
499~300	154,524	130,520	94,987
299~100	147,607	101,861	81,420
99명 이하	105,228	76,233	61,960

 한국경총 임금사례 총람

● 임원 상여금을 손금으로 산입하는 방법 ●

임원에게 상여금을 지급할 경우 세무상으로는 손금이 되지 않는다. 단, 어떻게든 보너스 기간에 상여금을 지급하려고 할 경우에는(주택 할부금처럼 자금이 필요한 경우 등) 사전에 그 지급금액을 신고해 두면 세무상으로 손금으로 처리받을 수 있다.

이것을 '사전 확정 신고 급여'라고 한다. 이 제도를 적용받기 위해서는 '주주총회로부터 1개월을 경과한 날'과 '사업연도로부터 4개월을 경과한 날' 중 빠른 날까지 일정 사항을 기재한 서류를 세무서에 제출해야 한다.

이 규정을 적용하면 비상근 임원에게 1년분 급여를 한꺼번에 지급하더라도 손금으로 산입할 수 있다.

12. 사장님이 기뻐할 '접대비'의 사용법!

···▶ 한 사람당 얼마인가에 의해 계상 방법이 달라진다.

∷ 접대비는 일정한 조건을 충족시킬 경우 경비가 된다.

법인세법상 일정 금액 이상의 접대비는 손금으로 인정받지 못한다. 업무와 관련하여 거래처 접대 시 1회 지출(음식비, 향응비) 금액이 5만 원(경조금은 10만 원) 이하이고, 신용카드·직불카드·현금영수증을 사용하여 지출하였을 경우에는 기업별 수입금액의 일정률에 의한 한도액 범위 내에서 손금산입이 가능하다.

예를 들어, 거래처 사람을 포함하여 세 사람이 149,000원어치 식사를 했다고 하자. 이때 한 사람당 식사비는 49,960원이 된다. 이 경우에는 한 사람당 식사비가 50,000원 이하이기 때문에 접대비에 해당되므로 손금으로 처리되고, 그만큼 세금 부담이 적어진다.

접대비인지 아닌지를 구별하는 기준

접대비로 인정한다. = 손금으로 산입된다.

149,900원

거래처

사원

사원

한 사람당 49,966원

접대비로 인정하지 않는다. = 손금으로 산입되지 않는다.

한 사람당 50,500원

접대비로 인정하는가=손금으로 산입되는가는 1회 접대비 지출금액이 '한 사람당 50,000원 이하'인지가 그 기준이 된다.

참고로, 회사 직원이 두 명이고 거래처 사람이 한 사람일 경우에도 거래처의 접대가 목적이라면 접대비로 인정한다.

이런 규정을 잘만 활용한다면 세금 절약이 가능하지 않을까? 접대를 해야 할 경우 한 사람당 50,000원 이하인 음식점을 찾는 것이 회사의 이익으로 연결되는 길이라고 할 수 있다.

또 2차 접대에 대해서는 다시 판정을 하게 된다. 회사의 이익을 조금이라도 늘리기 위해서는 이런 것들을 하나하나 쌓아가는 것도 매우 중요하다.

접대비로 처리하기 위한 4가지 조건은 무엇인가?

단, 접대비로 처리하기 위해서는 조건이 필요하다. 다음 사항이 기재된 서류를 보관해 두도록 하자.

① 식사가 이루어진 날
② 식사 등에 참가한 사람의 이름 또는 명칭 등
③ 식사에 참가한 사람 수
④ 식사비용과 그 음식점의 명칭 및 소재지
⑤ 법인카드 사용
⑥ 영수증 또는 세금계산서

만일 이런 사실을 거짓으로 기재했을 경우에는 중가산세가 부과되기 때문에 절대로 허위로 기재해서는 안 된다. 기재할 내용을 빠뜨려서 경리를 담당하는 사람에게 주의를 받은 적이 있는 분도 계시리라 생각된다. 기재의 누락은 반드시 세무조사의 대상이 되기 때문에 각별하게 주의해야 한다.

접대비로 처리하기 위한 서류상의 조건

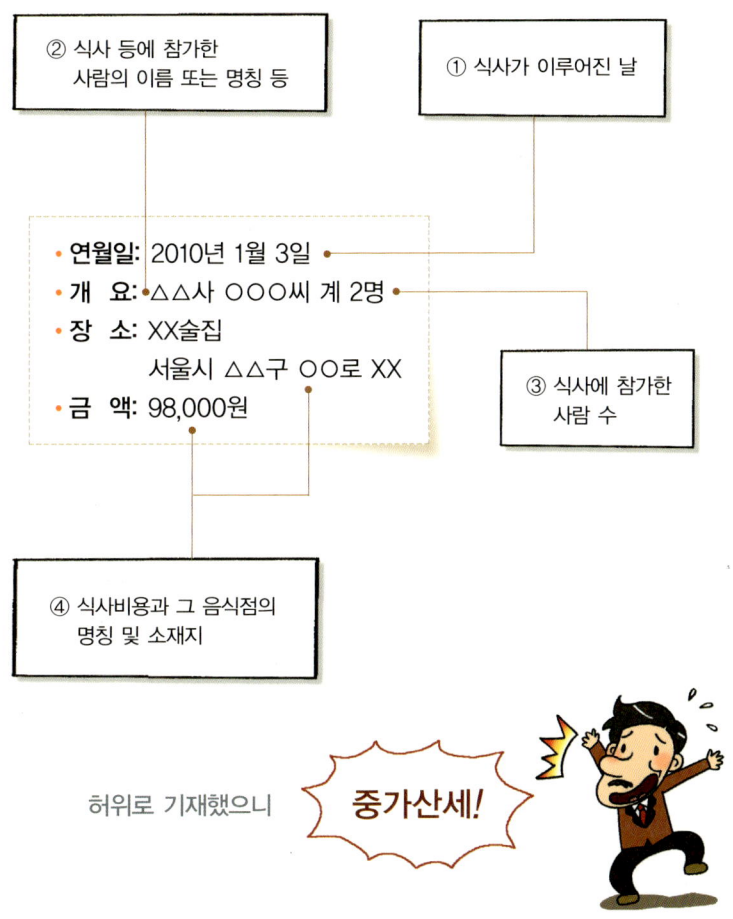

Remember!

- 경비로 처리하기 위해서는 일정한 조건을 만족시키는 서류가 필요하다.
- 허위로 기재했을 경우에는 추가로 세금이 부과된다.

13 사원여행은 아무리 호화스러워도 괜찮다?

> 사원여행 비용이 복리후생비가 되기 위한 조건은 무엇인가?

반수 이상이 참가하지 않으면 경비로 인정되지 않는다?

사원여행은 당연히 호화로운 편이 좋을 것이다. 사원여행 비용은 일반적으로 복리후생비(종업원의 복리후생을 위한 손금으로 인정되는 비용을 말함)로서 경비(손금) 처리를 할 수 있을 것처럼 보인다. 그러나 사원여행 경비가 복리후생비로서 인정받기 위해서는 다음과 같은 조건을 만족시켜야 한다.

우선, 여행에 참가하는 인원수가 사원의 50% 이상이어야 한다. 또한 가족을 동반할 경우에는 그 참가자가 스스로 경비를 부담해야 한다. 그리고 여행의 내용은 약간은 추상적이지만 '일반적인 것이어야 할 것'이라고 명시되어 있다. 쉽게 말해 남극여행은 일반적인 여행은 아닐 것이다. 또한 회사가 부담하는 금액은 약 100만 원 이하가 기준이다.

기간은 4박 5일 이내여야 한다. 해외여행의 경우에는 목적지에 체류한 날을 기준으로 판단하기 때문에 최장 4박 6일 이내가 된다. 만일 사원여행에 참가하지 않는 사람에게 금전이나 여행권 등 돈으로 바꿀 수 있는 고가의 물품을 지급한 경우에는 그것을 받은 사원이 급여 취득으로 과세(→ p.130)를 당할 수 있으므로 주의하자.

당연한 말일지도 모르나 임원만의 여행은 복리후생비로 처리되지 않는다.

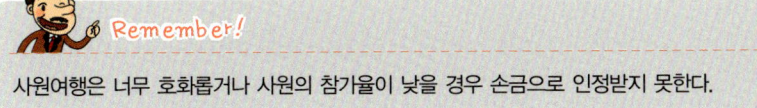

사원여행은 너무 호화롭거나 사원의 참가율이 낮을 경우 손금으로 인정받지 못한다.

14 사택의 세금 처리는 어떻게 해야 하는가?

⋯▸ 사택의 세금 처리에 대해 알아보자.

∷ 사택과 사택임차금의 세제 지원

기획재정부에서 발표한 2007년 4월 17일 '사택' 관련 세법 적용 일부 변경내용을 보면, '사택'이라 함은 사용자가 소유하고 있는 주택을 종업원 및 임원에게 무상 또는 저가로 제공하거나, 사용자가 직접 임차하여 종업원 등에게 무상으로 제공하는 주택이라고 표현하고 있다.

또한 기획재정부는 법인이 근로자에게 사택이 없는 지역에 사택 대신 사택임차금을 무상 대여하는 경우에도 법인세법상 부당행위계산의 부인 규정이 적용되지 않도록 세법 적용 기준을 변경하였다.

기존에는 법인이 금전 등 자산을 사용인에게 무상 또는 시가보다 낮은 금리로 대여하는 경우 부당 지원으로 보고 동 지원액의 이자상당액을 법인의 익금으로 산입하여 법인세로 과세하였고, 사용인에게도 동일하게 이자상당액을 근로소득세로 과세하였지만, 이 경우에도 2006년 대법원 판례(2004두7993. 2006.05.11.)에 따라 과세형평 등을 고려하여 '사택' 제공과 동일하게 세제 지원이 되도록 변경하였다.

● 대법원 판례(2004두7993, 2006.05.11.) ●

청량음료를 제조하여 판매하는 회사인 원고는 전국 각 지역에 산재하는 지점의 효율적인 관리·운영을 위하여 무연고지에서 근무하게 된 임직원들을 위한 사택의 제공이 필수적으로 요구되는 점, 원고는 1988. 6. 1.부터 사택보조금지급규정을 마련하여 운영하고 있는데, 위 규정에 의하면 1급에 해당하는 임원 및 2급에 해당하는 판매부장, 공장장, 공장부장에게는 사업장 인근의 아파트 등 주택을 구입하거나 임차하여 사택으로 제공하는 반면, 3급에 해당하는 지점장, 차장, 과장, 소장(이하 '지점장 등'이라 한다)에게는 주택 규모나 종류에 상관없이 일정액의 사택보조금을 지급(무상대여)하는 점, 원고는 사택보조금을 대여받은 지점장 등이 이를 다른 용도에 사용할 수 없도록 한다.

한편, 지점장 등이 다시 연고지에서 근무하게 되는 경우에는 사택보조금을 즉시 회수하여 무연고지에서 근무하게 된 다른 지점장 등에게 대여하고, 사택보조금의 회수를 담보하기 위하여 지점장 등으로부터 퇴직금 양도각서, 약속어음공정증서를 제출받는 등 사택보조금의 지급을 사택의 제공과 동일하게 운용한 점, 원고가 지점장 등에게 사택을 제공하는 대신 사택보조금을 지급하게 된 것은, 사택을 매수하거나 임차하여 제공하는 것보다 사택보조금을 무상으로 대여하는 것이 관리비용 등이 절감되어 비용부담이 적고, 지역적인 요인 등에 좌우되지 않고 일정한 비용을 지출하게 되어 경영상 유리하며, 주택임대차보호법의 적용을 받을 수 있어 안전하기 때문이다.

사택을 제공받은 1, 2급 임직원들은 사택의 제공이 법 시행령 제88조 제1항 제6호 단서에 의하여 부당행위계산 부인의 적용대상에서 제외되므로 이로 인하여 세법상 아무런 불이익을 받지 않는 데 비하여, 그보다 하위 직급에 있어 사택을 제공받지 못하고 사택보조금을 지급받은 지점장 등에게 그 인정이자 상당액을 상여로 처분하여 근로소득세를 부과하는 것은 조세의 형평에도 어긋나는 점 등 제반 사정을 종합하여 보면, 원고가 이 사건 지점장 등에게 사택보조금을 지급한 것은 부당행위계산부인의 적용대상에서 제외되는 사택의 제공에 갈음하여 행하여진 것으로서 그 실질에 있어서는 사택의 제공과 동일시할 수 있다.

이 사건 사택보조금의 지급이 건전한 사회통념이나 상관행에 비추어 경제적 합리성을 결한 비정상적인 거래라고 할 수는 없다고 판단하였다.

15 봉급생활자가 모르면 손해 보는 연말정산과 확정신고

'세금'의 과납부에 주의하라.

:: 연말정산은 '누가' 그리고 '왜' 필요한가?

연말정산이란 임원 또는 직원에게 지급한 매월의 급여 등에서 원천징수한 소득세의 합계금액과 그 사람이 1년간 납부해야 할 소득세액과의 차액을 정산하는 것이다.

연말정산의 대상이 되는 사람은 연말정산이 실시되는 날까지 '급여소득자의 부양공제 등 신고서'를 제출한 사람이다.

일반 봉급생활자는 연말정산으로 그해의 소득세가 확정되기 때문에 확정신고를 할 필요가 없지만, 근로소득 공제, 기본 공제(인적 공제), 특별 공제(보험료·의료비·교육비), 신용카드 공제 등이 있는 경우에는 소득세 확정신고를 하면 공제된 소득세를 환급받을 수 있다.

연말정산을 할 때, 자녀는 부양가족으로 신고해 놓고 부모를 신고하지 않게 되면 부양공제액이 적어져 손해를 입을 수 있다. 일정한 소득 이하인 고령의 부모도 부양가족 공제 대상이므로 주의하자. 또한 배우자와 사별 또는 이혼으로 인해 부양자녀가 있는 경우에는 부녀자공제 대상이 될 수도 있으니 확인해 둘 필요가 있다.

연말정산의 구조

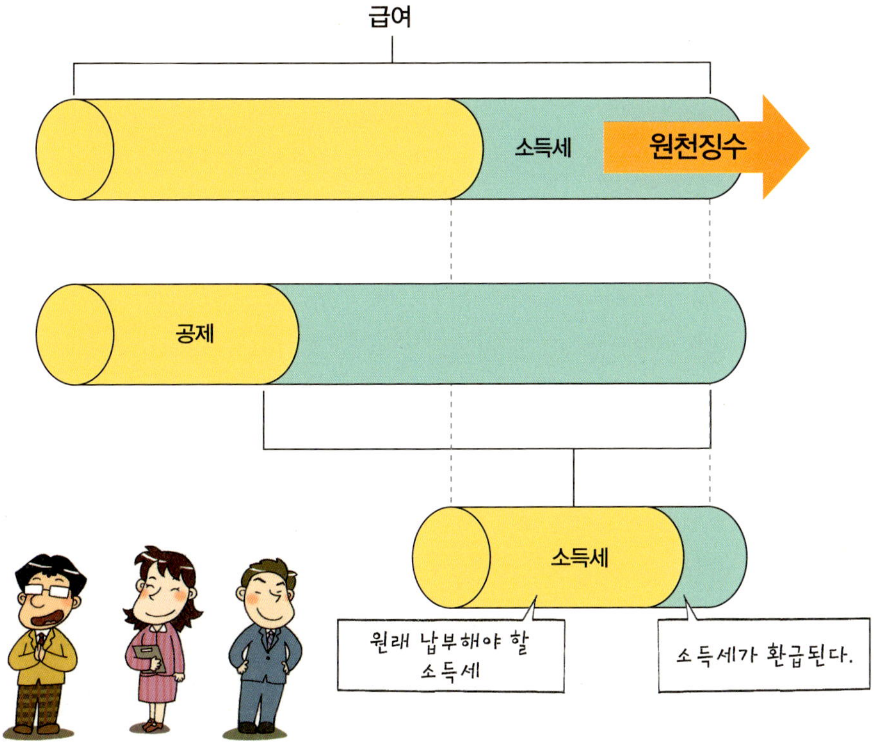

급여

소득세 → 원천징수

공제

소득세

원래 납부해야 할 소득세

소득세가 환급된다.

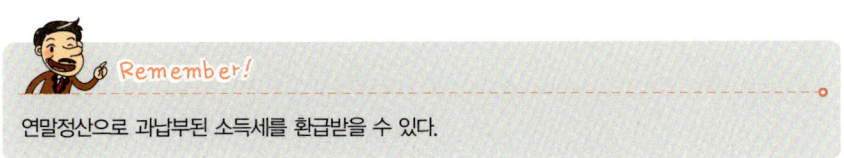

Remember!
연말정산으로 과납부된 소득세를 환급받을 수 있다.

:: 맞벌이 부부의 소득공제 많이 받기 노하우!

● **맞벌이 부부의 부양가족 공제는 부부 중 소득이 높은 배우자가 신청한다.**

A씨의 연봉이 4천만 원, A씨의 아내는 3천만 원일 경우 A씨가 자녀 공제를 받으면 부부세액의 합계가 172만 원이 된다. 아내가 자녀 공제를 받으면 234만 원으로 62만 원 늘어난다. 따라서 소득이 높은 쪽이 자녀 공제를 받는 것이 소득세를 줄인다.

또한 2자녀 이상일 경우 적용되는 다자녀 추가 공제도 부부 중 한 사람에게 몰아서 받아야 공제 대상이 된다.

● **배우자가 근로소득이 있는 경우라도 배우자를 위해 지출한 보험료나 교육비는 공제를 받을 수 있다.**

맞벌이 부부가 서로에 대한 다른 공제는 받을 수 없지만, 배우자를 위해 지출한 의료비는 예외적으로 공제가 가능하다. 단, 의료비는 총 급여의 3%를 넘어야 공제되며, 금액이 크지 않다면 소득이 적은 쪽이 신청하는 것이 유리하다.

● **신용카드는 공제한도를 초과하지 않도록 소득에 맞춰 조절한다.**

신용카드는 하나의 카드로 몰아서 사용할 경우 소득보다 지출이 많아져 공제한도를 초과할 수 있으므로 개별 명의로 사용해서 공제를 받거나 부부 각자의 소득에 맞춰 조절하는 것이 효율적이다.

● **장기주택저당차입금의 소득공제는 본인만이 가능하다.**

상환기간이 15년 이상이면 연 1,000만 원, 30년 이상이면 연 1,500만 원

한도로 소득공제를 받을 수 있다. 이때 주의할 점은 주택을 부부 공동명의로 등기하고 장기주택저당차입금을 본인 명의로 차입한 경우에는 근로자 본인이 이자상환액 공제를 받을 수 있지만, 부인 명의로 등기하고 본인 명의로 차입한 경우에는 공제를 받을 수 없다.

알아두어야 할 여러 가지 '근로소득공제'

계산절차

연간급여액
(−) 비 과 세 소 득
총 급 여 액
(−) 근로소득공제
근 로 소 득 금 액
(−) 각종 소득공제
과 세 표 준
(×) 세   율
산 출 세 액
(−) 세 액 공 제
결 정 세 액
(−) 기 납 부 세 액
납부(환급)할 세액

근로소득공제

총급여액	공제금액
500만 원 이하	총급여액의 80%
500만 원 초과 ~ 1,500만 원 이하	400만 원+500만 원 초과금액의 50%
1,500만 원 초과 ~ 3,000만 원 이하	900만 원+1,500만 원 초과금액의 15%
3,000만 원 초과 ~ 4,500만 원 이하	1,125만 원+3,000만 원 초과금액의 10%
4,500만 원 초과	1,275만 원+4,500만 원 초과금액의 5%
일용근로자	1인당 10만 원

세율

과세표준	세율	누진공제액
1,200만 원 이하	6%	−
1,200만 원 ~ 4,600만 원	16%	120만 원
4,600만 원 ~ 8,800만 원	25%	534만 원
8,800만 원 초과	35%	1,414만 원

※ 국세청 홈페이지: http://www.nts.go.kr/

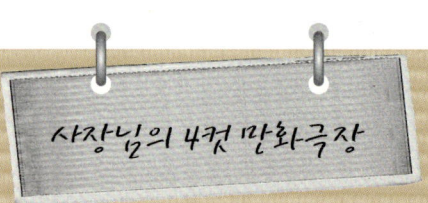

■ '회사의 가치'는 상대적인 것이다. (5-07) ➜ p.200

제 5 장

'회사의 가치'는 어떻게 결정되는가?

기업에도 가치가 매겨진다. 그렇다면 '회사의 가치'는 언제 필요하고, 누가 어떻게 결정하는 것일까? 제5장에서는 회사의 가치가 갖고 있는 의미와 함께 회사의 가치를 결정하는 방법에 대해 알아보도록 하자.

01 '주식'은 왜 거래 대상인가?

⋯❖ 도대체 '주식'은 무엇이며, 왜 매매되는가??

∷ 주식은 왜 매매되는가?

 '주식'이란 법적으로 인정되는 '권리'를 가리킨다. 여러분 주변에도 '주식으로 돈을 벌었다'고 자랑하는 사람이 있을지도 모른다. 하지만 주식은 도박이 아니다. 주식이 가지는 원래의 의미는 투자한 회사가 돈을 벌면 배당을 받는 것, 그리고 경영에 관여하는 것뿐이다. 그렇다면 왜 그 권리가 매매되는 것처럼 보이는 걸까?

 A사장은 아는 사람에게 돈을 투자받아 비즈니스를 시작했다. 하지만 돈을 투자한 사람에게 갑자기 돈이 필요한 상황이 생길 수도 있다. 예를 들어, 갑자기 돈이 필요해진 a씨가 A사장에게 1,000만 원을 되돌려 달라고 했다고 하자. A사장의 비즈니스는 이제 겨우 궤도에 올랐을 뿐이다. 이제부터 돈을 좀 벌어 보려고 하는 찰나에 1,000만 원의 지출은 큰 손실이 될 것이다. 지점을 내려고 했던 계획도 다음으로 미뤄야 할지도 모른다. 결국 주주도 회사도 곤란해진다. 상황이 이렇다면 안심하고 주주가 될 수 없을 것이다.

회사가 안정되지 않으면 돈을 모으기도 힘들어진다. 바로 이런 이유 때문에 주식을 매매할 수 있게 한 것이다. 주식을 매매할 수 있다면 주주는 안심하고 출자할 수 있고, 회사도 투자받은 돈을 되돌려 주지 않아도 되기 때문에 경영이 안정될 것이다.

주식을 매매할 수 있는 이유는?

주식을 매매할 수 없다면
- 출자한 주주가 주식을 매매할 수 없다.
- **주주:** 안심하고 돈을 투자할 수 없다.
- **회사:** 주주에게 돈을 돌려 주면 당장 자금 운용이 불안정해진다.
- 큰 액수의 돈이 모아지지 않고, 소형 사업밖에 할 수 없다.

주식의 매매가 가능하다면
- 출자한 주주가 주식을 매매할 수 있다.
- **주주:** 안심하고 돈을 투자할 수 있다.
- **회사:** 자금 운용이 안정된다.
- 모르는 주주에게도 돈을 투자받아 대형 사업이 가능하다.

현실의 비즈니스 세계에서는 주식의 매매가 가능하기 때문에 만난 적도 없는 사람에게 돈을 투자받아서 대형 사업을 할 수 있다. 실제로 삼성이나 현대의 주식을 보유하고 있다고 하더라도 그 회사의 사장을 만나 본 사람은 거의 없을 것이다. 그러나 회사를 신용할 수 있다는 점과 주식의 매매가 가능하다고 하는 확신이 있기 때문에 안심하고 그 회사의 주주가 될 수 있는 것이다.

주식은 당연히 매매할 수 있는 것이라고 생각하는 사람이 많겠지만, 실제로 여기에는 이런 깊은 이유가 숨어 있었던 것이다. 이렇듯 주식을 매매할 수 있기 때문에 보다 많은 자금을 모을 수 있게 되고 대형 사업 또한 가능해진 것이다. 주식회사는 이처럼 주주의 주식 매매 구조로 이루어져 있다.

2배의 가격으로 매각한 a씨

다행히도 b씨가 a씨의 주식을 사고 싶다는 의사를 전해 왔다. A사장의 회사는 처음 5,000만 원으로 시작해서 2,000만 원의 이익을 냈기 때문에 수익률이 40%(=2,000만 원/5,000만 원)이다. 매우 매력적인 투자 대상인 셈이다. 이런 점에 주목한 b씨는 a씨가 보유하고 있는 주식을 2,000만 원에 구입하겠다고 했다. a씨에게 있어서는 원하던 일이 이루어진 것이다. a씨는 뛸 듯이 기뻐하며 A사장의 회사 주식을 매각했다.

그렇다면 이번에는 b씨 측에서 생각해 보도록 하자. a씨가 1,000만 원밖에 출자하지 않은 주식을 b씨는 그 2배의 가격으로 사겠다고 했다. 40%의 수익률을 내고 있는 회사의 주식을 2배의 가격으로 산 것이기 때문에 수익률은 20%로 떨어졌지만 그래도 A사장의 회사는 충분히 매력적인 투자 대상임에 틀림없다. A사장의 경영 수완 또한 매우 좋았던 것이다. 결과적으로 A사장의 회사의 가격도 올랐다고 할 수 있다.

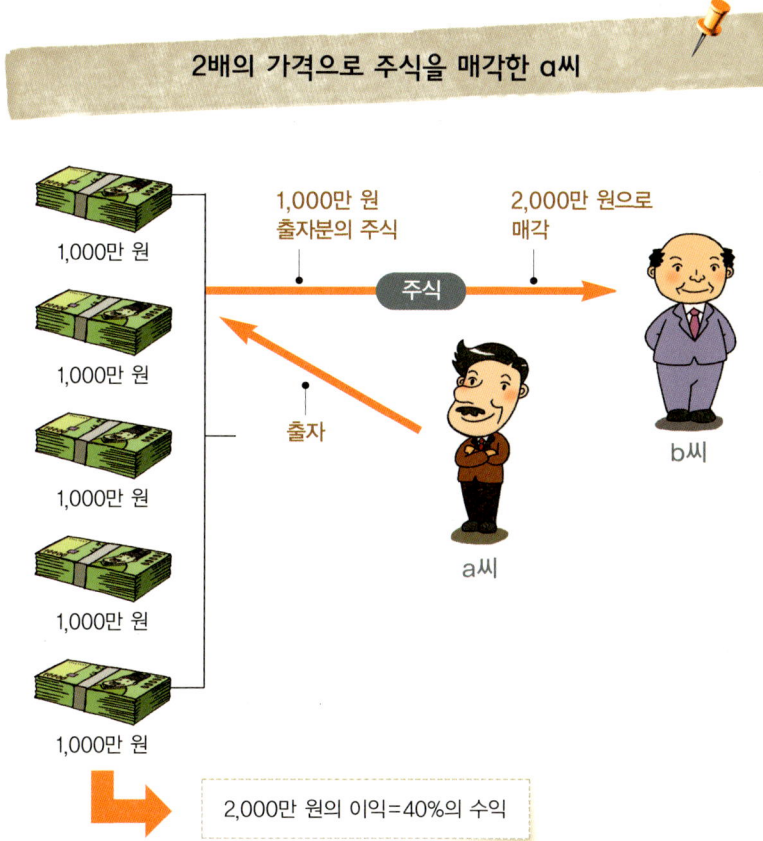

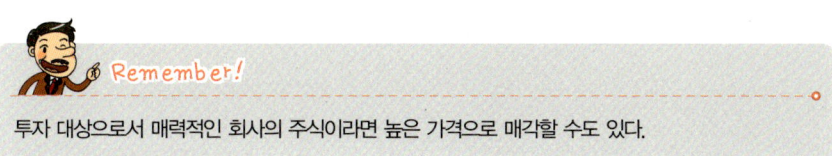

Remember!
투자 대상으로서 매력적인 회사의 주식이라면 높은 가격으로 매각할 수도 있다.

02 '회사의 가치'는 '언제', '누가' 책정하는가?

→ 하나의 회사에 다양한 가치가 매겨지는 이유

그렇다면 실제로 회사의 가치는 어떻게 책정되는 것일까? 이미 상장된 회사라면 매일매일 주가가 매겨지기 때문에 이것이 바로 그 회사의 가치가 된다. 주가는 많은 사람들이 주식시장에서 주식을 매매하면서 책정된다. 누군가 특정한 사람이 책정하는 것은 아니지만, 상장된 회사는 매일 주가, 즉 가치가 매겨지고 있는 것이다.

그럼 상장되지 않은 회사의 가치는 누가 어떻게 책정할까? 그보다 먼저 상장되지 않은 회사의 가치를 굳이 매길 필요가 있을까? 결론부터 말하자면 상장되지 않은 회사라고 하더라도 회사의 가치를 매기지 않으면 안 된다. 그 이유에 대해서 구체적으로 알아보도록 하자.

∷ M&A에는 회사의 가치 측정이 필요하다.

최근 중소기업체를 운영하는 사장이 후계자가 없다는 이유로 회사를 통째로 매각하는 경우가 늘고 있다. 회사의 경영권을 매매하는 행위를 M&A(merger and acquisition, 인수·합병)라고 한다. 최근에는 부모가 창업한 회사를 반드시 그 자녀가 계승해야 한다는 풍조가 약해지고 있는 추세이기 때문에 후계자 부재 현상이 일어나는 중소기업이 많다고 할 수 있다.

이런 회사는 대기업에 M&A로 매각되는 것으로 존속을 꾀하기도 한다. 종업원의 입장에서 보면 계속해서 일할 수 있는 곳을 보장받게 되고, 회사를 인수한 입장에서 보면 손쉽게 상권을 획득할 수 있기 때문에 서로에게 득이 된다.

물론, 이 경우 매매가 발생하기 때문에 당연히 회사에 가치를 매기지 않으면 안 된다. 회사뿐만 아니라 무언가를 매매할 때에는 가격이 있지 않으면 안 되기 때문이다.

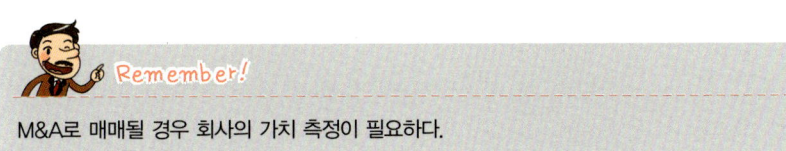

M&A로 매매될 경우 회사의 가치 측정이 필요하다.

한편 최근에는 상장회사를 대상으로 한 M&A도 늘고 있는 추세이다. 상장회사의 경우 주식시장을 통해 주가라는 가격이 매겨지고 있기는 하나, M&A로 매매할 주가는 그것과는 전혀 다르다. 왜냐하면 매매의 대상이 주식이기보다는 '경영권'이 되기 때문이다.

이렇듯 상장된 회사에서도 보통 주식시장에서 매겨진 가격과는 다른 적정 가치를 평가할 필요가 생기기도 한다.

M&A 이외에 '회사의 가치'가 필요한 경우

또한 자금 조달을 위한 증자에도 회사의 가치가 필요하다. 싼 가격으로 주식을 발행해 버리면 그 주식을 구입한 주주는 이익을 보지만 거꾸로 회사는 손해를 보게 된다. 회사로서는 원래대로라면 더 많은 돈을 모아야 했음에도 불구하고 돈을 조금밖에 모으지 못하게 되기 때문이다. 이 경우 회사에 손해를 입혔다는 이유로 임원이 책임을 져야 할 상황이 발생하기도 한다. 이 밖에도 회사가 신규로 주식을 상장할 때 어느 정도의 가격으로 상장할 것인지를 결정하는 데 있어서도 가치 산정이 필요하다.

위와 같은 거래 목적 이외에도 재판에서 산정이 필요한 경우도 있다. 바로 회사의 가치를 둘러싸고 회사와 주주 사이에서 분쟁이 일어난 경우이다. 실례를 들어 보자면 일본의 고깃집 체인점으로 유명한 '규가꾸'를 경영하는 렉스홀딩스가 주식 상장을 하지 않기로 결정했을 때 주식 가격을 둘러싸고 일부 주주와 회사 사이에서 의견차가 발생해 법원에 가격 산정을 의뢰한 적이 있었다. '가네보'에서도 동일한 사건이 일어난 적이 있다. 이런 분쟁은 되도록 당사자 간의 협의를 통해 해결하려고 하지만, 조금이라도 지출을 아끼려는 회사와 되도록 높은 가격으로 팔려고 하는 주주 사이의 갈등은 커져만 가고 있다. 이런 경우 법원의 중재를 받기 위해 가격 산정을 의뢰할 수 있다. 이것은 회사법으로 인정받은 권리이다.

그 밖에 상속을 할 경우에도 회사의 가치 산정은 필요하다. 그 회사가 어느 정도의 가치를 가지고 있는지를 알지 못하면 세무서에서도 세금을 얼마나 부과해야 하는지 파악할 수 없을 것이고, 경영자도 세금을 얼마나 납부해야 하는지 알 수 없기 때문이다.

이렇듯 회사의 가치는 여러 방면에서 필요한 것이다.

회사의 가치가 필요한 경우

목적	내용
거래 목적	주식의 매매 M&A(경영권의 매매) 증자 등
재판 목적	매입가격 결정
기타 목적	과세 목적(상속 등)

Remember!
회사의 가치는 여러 방면에 사용된다.

:: 회사의 가치는 누가 책정하는가?

그렇다면 회사의 가치는 누가 책정하는 것일까? 사실 회사의 가치는 그 목적과 상황에 따라 평가하는 사람이 달라진다. 의외라고 여길지도 모르지만, 기업을 매매할 때의 가치와 세금을 납부할 때의 평가가 완전히 달라도 아무런 문제는 없다. 회사의 가치는 절대적인 것이 아니다.

회사를 매매할 때는 당사자끼리 협의한 가격이라면 그 값이 얼마든 상관없다. 하지만 상속세를 납부할 때의 평가액이 이렇다면 공평성에 어긋나게 된다. 세금을 매길 때는 비슷한 수준의 회사라면 누가 평가를 하더라도 그 가치가 같아야 한다.

이것이 바로 회사가 '하나의 물건에 다양한 가격'이 적용되는 이유이다. 예를 들어, M&A나 증자를 할 때에는 회사로부터 의뢰받은 증권회사나 공인회계사, 재무컨설턴트와 같은 전문가가 회사의 가치를 평가한다. 상속세나 증여세를 계산할 때에는 세무사나 변호사가 국가에서 정해진 기준에 따라 가치를 산정한다. 분쟁이 일어났을 때에는 법원이 공인회계사 등에게 가치 산정을 의뢰하게 된다.

목적과 상황에 따라 그에 맞는 전문가가 회사의 가치를 책정하는 것이다. 상장된 회사가 매각 대상이 되었다면 여러 가지 정보가 공개되기 때문에 관련서류(공개 매입 신청서 등)를 읽어 보는 것도 좋다. 물론 얼마에 매매할 것인가, 어떤 평가 방법(가격의 산출법)을 이용했는가와 같은 것들도 분명히 표시된다. 이런 정보를 잘 읽어 보면 '어느 증권회사로부터 가치를 산출받아 보니 얼마에서 얼마 정도라면 타당하다고 한다.'라는 내용을 발견할 수 있을 것이다.

회사의 가치는 '평가자에 따라 다양하게 매겨진다'!

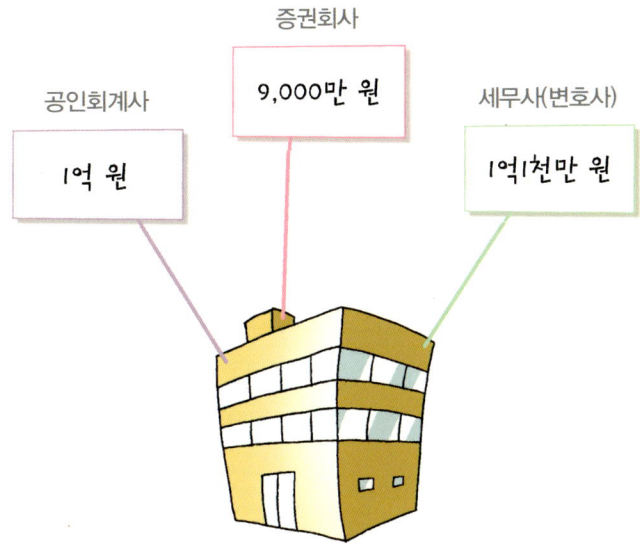

Remember!

회사의 가치는 전문가가 책정하지만 목적이나 상황에 따라 달라진다.

03 회사의 가치를 결정하는 요소는 단 3가지다!

⋯▶ '자산 가치', '수익률', '수급(상장)'

앞서 회사의 가치를 '언제', '누가' 책정하는지에 대해 알아보았다. 여기서는 가장 중요하다고 할 수 있는 회사의 가치를 '어떻게' 결정하는가에 대해 설명해 보도록 하겠다.

여러분은 '부자(富者)'라는 말을 들으면 어떤 사람이 떠오르는가? 부자 중에는 조상대대로 땅을 소유하고 있는 사람도 있을 것이다. 땅의 소유주는 그 땅을 팔면 거액의 돈을 거머쥘 수 있다. 전형적인 부자라고 할 수 있다.

어떤 사람은 수입이 많은 사람을 떠올릴지도 모르겠다. 의사나 변호사처럼 전문적인 직업을 가지고 있는 사람이나 대기업에서 출세한 사람이라면 고급 인력이 많을 테니 이런 사람들도 부자라고 할 수 있을 것이다. 혹은 연예인이나 작가 등은 시대를 잘 타고나면 막대한 재산을 모을 수도 있기 때문에 이런 점에서 보면 시대를 잘 타고난 사람도 부자라고 할 수 있을지도 모르겠다.

:: 회사에도 여러 종류의 '부자(富者)'가 있다.

　회사도 마찬가지다. 사람도 여러 종류의 '부자'가 있듯이 회사에도 여러 가지 '부자'가 있다. 성장 가능성은 없으나 역사가 길어 옛 자산을 많이 보유하고 있는 회사도 있고, 회사의 역사는 짧지만 성장 가능성이 있어 앞으로 '부자'가 될 조짐이 보이는 회사도 있으며, IT 계통이나 바이오 계통의 기업처럼 얼마 전부터 주목을 받고 있는 회사도 있다.

　이처럼 회사에도 여러 종류가 있기 때문에 '회사의 가치'를 결정하는 데 절대적인 방법이 존재할 수는 없다.

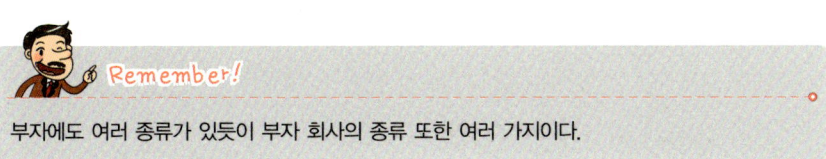

부자에도 여러 종류가 있듯이 부자 회사의 종류 또한 여러 가지이다.

회사의 가치를 결정하는 요소는 크게 나누어 다음의 3가지이다.

∷ 자산 가치 – 현재 자산을 보유하고 있는 회사

첫 번째로는 그 회사가 자산을 보유하고 있는 회사인지 아닌지 하는 점이다. 자산을 많이 보유하고 있는 큰 회사는 불경기에도 도산할 위험이 적고, 취직이나 전직을 함에 있어서도 안심이 된다. 보유 자산이 적은 회사라면 취직이나 전직을 할 때에도 불안할 것이고, 언제 망할지 모르기 때문에 가능하다면 거래도 하고 싶지 않을 것이다. 물론 아무리 많은 자산을 보유하고 있다고 하더라도 빚이 많은 회사라면 그만큼 가치는 낮아진다. 빚이란 결국 갚지 않으면 안 되며, 빚이 많으면 그만큼의 이자를 납부해야 한다. 이런 이유로 아무리 많은 자산을 보유하고 있는 회사라도 채무가 많다면 그 가치가 낮아지는 것이다. 즉, 가치가 높은 회사란 자산이 많으면서도 채무가 적은 회사라고 할 수 있다.

∷ 수익률 – 앞으로 '부자'가 될 수 있는 돈벌이 수단이 있는 회사

두 번째로는 그 회사가 돈을 벌고 있는지 아닌지 하는 것이다. 현 시점에는 그다지 많은 자산을 보유하고 있지는 못하지만, 꾸준히 이익을 올리고 있는 회사라면 언젠가는 '자산가'가 될 것이다. 돈을 벌고 있는 회사라면 그 이익을 자본 삼아 생산성이 높은 투자를 할 수도 있다. 그렇게 되면 이익은 더더욱 늘어나게 될 것이다. 이런 '기대감'까지 포함해서 돈을 벌고 있는 회사는 가치가 높다고 할 수 있다.

:: 수급(상장) – 회사를 둘러싼 시장환경

세 번째 요소는 수급(상장환경)이다. 주식시장의 상장환경이 좋을 때에는 그 회사의 가치도 높이 평가된다. 그러나 반대로 아무리 많은 자산을 보유하고 있는 회사, 아무리 높은 수익을 올리고 있는 회사라 할지라도 주식을 사려는 사람이 없으면 그만큼의 가격으로밖에는 평가받지 못한다.

물론 이때에도 동종업계의 다른 회사보다 높이 평가받을 수 있을지도 모른다. 그러나 수급이라는 시장환경을 이기기엔 역부족이다. 그러나 반대로 회사 주식의 수요가 많을 때에는 우량회사가 아니더라도 회사의 가치가 높이 평가되기도 한다. 간단히 말해 어떤 회사라 하더라도 주식을 사려는 사람이 많은 회사의 가치가 높다. 물론 타이밍이나 경제 정세의 영향을 크게 받기도 하지만 말이다.

회사의 가치를 결정하는 3가지 요소

1. 자산 가치
자산을 소유하고 있는 회사의 가치가 높다.

2. 수익률
이익을 내고 있는 회사의 가치가 높다.

3. 수급(상장)
주식을 사려고 하는 사람이 많은 회사의 가치가 높다.

자산 가치, 수익률, 수급(상장)이 회사의 가치를 좌우한다.

∷ 17세기에는 튤립도 가격 폭등을 경험했으며, 버블경제의 역사는 반복되고 있다.

상장환경이 좋을 때란 바꿔 말하면 주식을 사는 사람이 많을 때이다. 이때에는 주식을 싼 가격으로 사려고 해도 팔려는 사람이 없다. 만일 이때 그 주식을 어떻게든 손에 넣고 싶다면 높은 가격으로 살 수밖에 없다. 이것은 버블경제의 구도와도 비슷하다. 버블경제일 때에는 어떤 회사의 주식이라도 주식이라는 이유만으로 값이 올라갔다. 최근 미국에서도 버블경제를 경험했다. 소위 묻지마 투자였다.

1929년 미국의 세계대공황에 대해 들은 기억이 있을 것이다. 가격이 오를 거라고 생각했기 때문에 모두가 샀고, 모두가 샀기 때문에 가격은 더더욱 뛰었다. 그러다가 어딘가에서 누군가가 겁을 먹기 시작했고, 그 소식이 전해지면서 모두가 다 겁쟁이가 되어 버렸다. 결국 버블 붕괴가 일어났다. 17세기

● 역사상 최초의 자본주의적 투기 – 튤립 투기 ●

17세기 초반 유럽에서 가장 앞서 있었던 네덜란드 상인들은 영국 웨일스의 제철소나 스웨덴의 영지에 투자했고, 러시아 황제 차르의 농산물 수출 독점권을 갖게 됐으며, 스페인이 소유하고 있던 아메리카 대륙에 노예를 공급했다.

풍요와 오만에 젖은 네덜란드인들은 과시욕과 더 큰 부를 안겨 줄 대상을 찾았는데, 그것이 바로 튤립이었다. 역사상 최초의 자본주의적 투기는 '네덜란드인의 튤립 투기'라고 한다.

16세기 중반 터키에서 전래된 튤립은 유럽인들 사이에 선풍적인 인기를 끌었으며, 튤립의 색상에 따라 황제, 제독, 장군 등의 서열이 매겨졌다. 꽃이 만개할 때까지 무늬와 색깔을 아무도 예상할 수 없다는 점이 튤립 투기의 우연성을 극대화했다.

17세기 초반에는 귀족과 부호들 사이에 희귀 튤립 변종을 소유하는 것이 유행돼 꽃값이 솟

네덜란드에서는 튤립구근이 투기 대상이 되어 버블이 일어났다고 하는, 농담이라고밖에는 생각할 수 없는 일이 실제로 일어났다. 인간이 하는 일은 동서고금을 막론하고 아무것도 변한 것이 없을지도 모른다.

그렇기 때문에 가치도 수급의 영향으로부터 도망칠 수 없는 것이다.

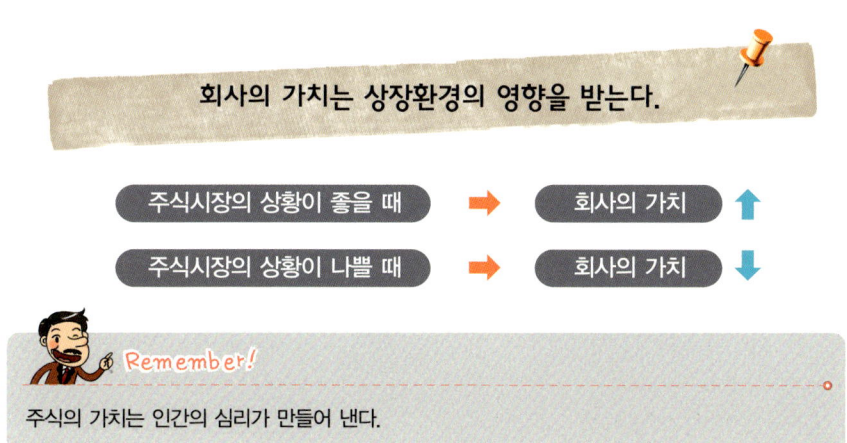

구쳤으며, 마침내 투기적 광기로 변질됐다. 1624년 '황제튤립'은 당시 암스테르담 시내의 집 한 채 값과 맞먹는 1,200플로린에 거래됐다. 당시 네덜란드에서 네 마리 황소가 끄는 수레 값이 480플로린이었고, 1천 파운드의 치즈가 120플로린이었다. 튤립 값은 상승세를 멈추지 않아 1636년에는 희귀한 변종 튤립 한 뿌리를 사기 위해 4,600플로린에다 두 마리의 회색 말과 마구가 완비된 마차 한 대를 더 얹어 주어야 했다.

마침내 1637년 2월 튤립 시장이 붕괴했다. 튤립 거래의 중심지였던 하를렘에는 부도가 줄지어 발생했다. 당시 네덜란드 정부는 매매가격의 3.5퍼센트만을 지급하는 것으로 모든 채권, 채무를 정리하도록 명령하는 극단적인 조치를 취했다.

과거를 보면서도 현재에 그대로 답습하는 것은 인간의 허황된 욕심이 사라지지 않기 때문이 아닐까.

04 '회사의 가치'를 책정하는 방법을 살짝 알아보자.

···▶ 무엇에 주목할 것인가에 의해 달라지는 평가 방법

회사의 가치를 결정하는 요소는 ①자산 가치, ②수익률, ③수급(상장)의 3가지밖에 없다고 방금 전에 공부했다. 그렇다면 실제로 회사의 가치는 어떻게 산출하는 것일까?

∷ 자산 가치에 주목한 자산 접근법

우선 ① '자산 가치'에 주목한 평가 방법이다. 이 방법은 그 이름대로 자산 접근법(asset approach)이라고 불리며, 보유하고 있는 자산에서 부채를 뺀 순자산을 평가액으로 하는 방법이다. 이 평가 방법은 기업의 재무제표인 재무상태표(대차대조표)를 이용하여 대부분의 계산이 이루어지기 때문에 간단하면서도 매우 알기 쉬운 방법이다.

상장기업이라면 기업의 홈페이지의 IR정보나 금융감독원 전자공시시스템(http://dart.fss.or.kr/) 등에서 재무제표를 열람할 수 있다.

하지만 주의해야 할 것은 재무상태표상의 자산과 부채의 금액이 꼭 평가의 목적에 부합되지는 않는다는 점이다. 토지나 주식 등이 평가시점의 시가로 평가되지 않았거나 생각지도 못한 '숨겨진 부채'가 있을 수 있다. 따라서 정밀한 평가를 위해서 재무상태표 이외의 내부 정보를 입수해야만 하는 상황이 생길 수도 있다. 단, 이런 점을 신경 쓰지 않는다면 대부분이 추측 가능하기 때문에 나중에 언급할 주식의 시가총액과 비교해 보는 것도 재미있을 것이다. 아이러니하게도 주식시장에서는 시가총액이 순자산 가치를 밑돌기도 한다.

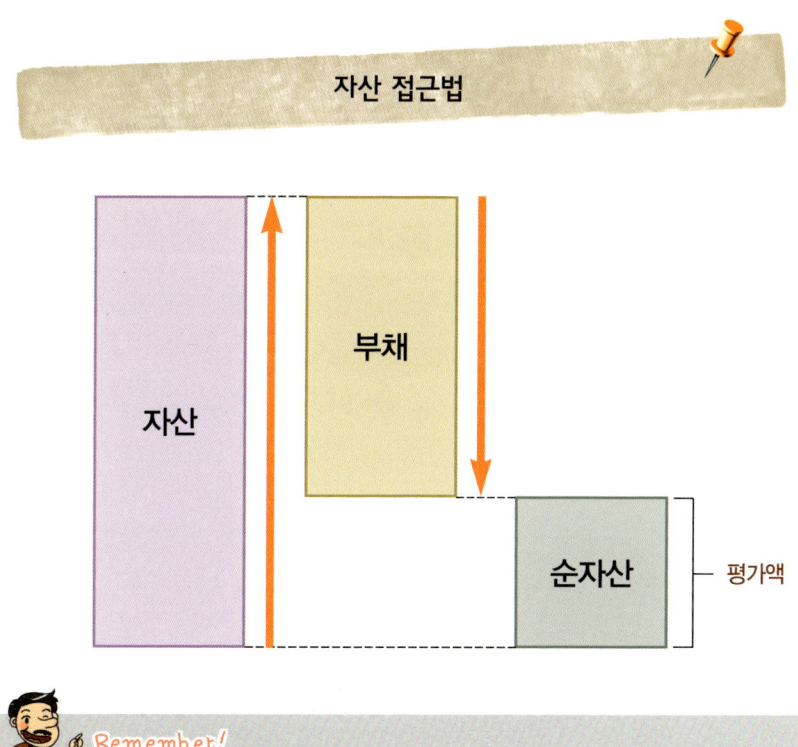

자산 접근법

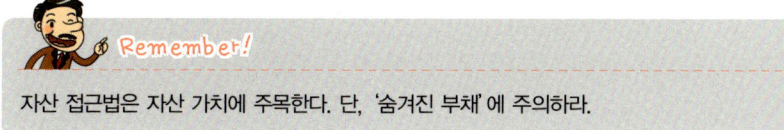

Remember!
자산 접근법은 자산 가치에 주목한다. 단, '숨겨진 부채'에 주의하라.

:: 수익률에 주목한 수익률 접근법

자산 가치에 주목한 평가 방법에도 문제점이 있다. 자산 접근법은 평가시점인 현재의 자산 가치를 평가하는 것이기 때문에 앞으로의 성장이 예상되기는 하지만 설립된 지 얼마 되지 않은 회사의 경우 그 가치가 낮게 평가된다.

이 때문에 다른 평가 방법이 필요하게 되었다. 그것이 바로 기업의 ②수익률로 평가하는 방법인 수익률 접근법(income approach)이다. 수익률 접근법은 수익에 주목한 방법으로 이 평가 방법의 기본적인 생각은 '수익률 계산'에 있다.

'수익률'이란 투자액에 대한 수익의 정도를 말한다. 예를 들어, X씨에게 100만 원의 수익이 보장되는 투자를 제안받았다고 하자. 이때 100만 원의 수익을 얻기 위한 투자액으로서 5,000만 원을 투자했다면 결국 2%(100만 원÷5,000만 원)의 수익률을 얻게 된다.

즉, 2% 정도의 수익률로 만족하는 사람이라면 이 투자에 대한 가치를 5,000만 원(100만 원÷2%)으로 평가하게 되는 것이다.

수익률 접근법에서는 이 수익률의 수준을 어떻게 생각하느냐가 중요한 관건이 된다. 만약 국채를 샀을 때 5%의 금리가 붙는다면 어떨까? 국채는 국가가 망하지 않는 한 확실하게 수익을 얻을 수 있는 금융 상품이다. 국채 수익률이 X씨가 제안한 투자 수익률보다 높다고 한다면, 일반적으로 같은 돈을 들여 X씨에게 투자를 하는 사람은 없을 것이다. 수익이 같다면 투자액은 적은 편이 좋다는 생각이 일반적이기 때문이다. 그렇게 되면 X씨의 투자 안건은 국채보다는 높은 수익률로 역산(逆算)하지 않으면 수지가 맞지 않게 된다. 가령 X씨에게 투자해서 10%의 이상의 수익률을 내야 투자할 수 있다고 판단한다면, X씨에게 투자했을 때의 투자 가치는 1,000만 원(100만 원÷10%) 정도가 타당하다는 말이 된다.

수익률 접근법의 평가는 이런 미래의 예상 수익을 수익률로 역산해서 산출한다. 즉, 장래성이 함께 평가되는 것이다. 단, 현재 가지고 있는 자산 가치가 평가액에 반영되지 않는다는 점에는 주의할 필요가 있다.

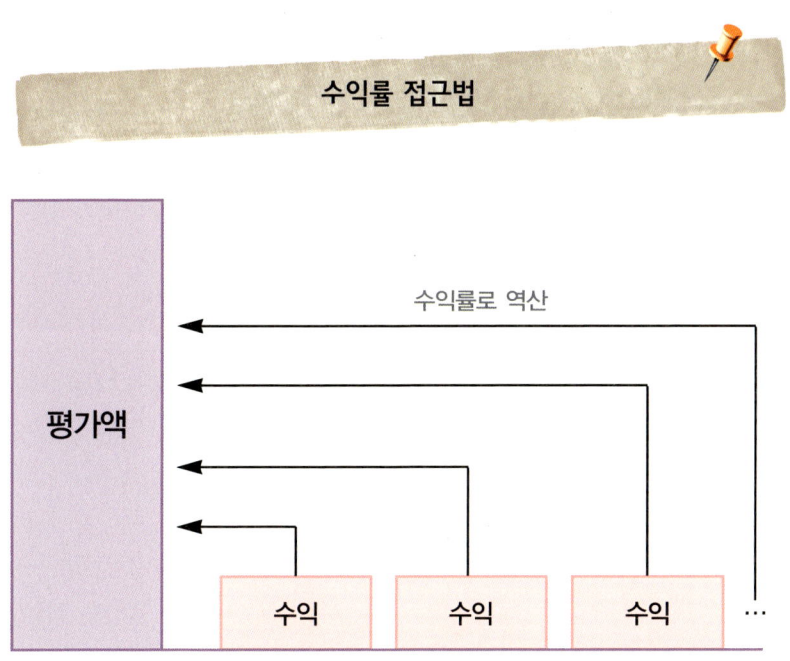

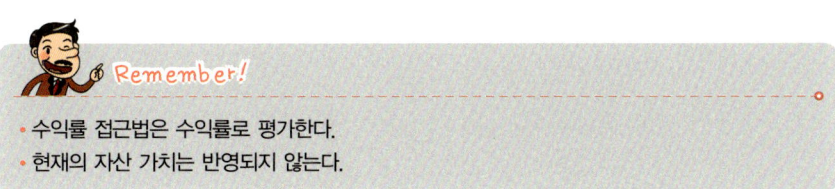

- 수익률 접근법은 수익률로 평가한다.
- 현재의 자산 가치는 반영되지 않는다.

지금까지 설명한 평가 방법을 재무제표와 함께 분석해 보자. 자산 가치에 주목한 평가 방법(자산 접근법)은 회사의 자산 상태를 나타내는 재무상태표에 역점을 둔 평가 방법이고, 수익률에 주목한 평가 방법(수익률 접근법)은 회사의 수익을 나타내는 손익계산서에 역점을 둔 평가 방법이라고 할 수 있다.

수급(상장)에 주목한 시장 접근법

그러나 실제로 매매를 하는 당사자에게는 가장 중요한 것이 따로 있다. 주식 거래자는 실제로 얼마에 팔릴 것인가, 혹은 얼마에 살 수 있을 것인가와 같은 근본적인 문제에 관심을 가지고 있기 때문이다. 아무리 가치가 높은 물건이라고 하더라도 살 사람이 없으면 '그림의 떡'에 불과하다. 이런 이유로 ③'수급(상장)'에 근거한 평가 방법의 필요성이 대두되었다. 이 평가 방법을 시장 접근법(market approach)이라고 한다. 시장 접근법은 평가 대상 기업과 업종, 규모가 비슷한 회사의 주식이나 재무 데이터를 근거로 평가 대상 회사의 가치를 추정한다.

이때 EBITDA 배율이라고 하는 지표가 사용된다. EBITDA(Earnings Before Interest, Tax, Depreciation and Amortization, 에비타)란 직역하면 '이자, 세금, 감가상각비를 제외하기 전의 이익'이 되지만, '영업이익+감가상각비'라고 이해하면 큰 문제는 없을 것이다.

또 EBITDA 배율이란 그 평가 대상의 가격이 EBITDA의 몇 배까지 평가되는지를 나타내는 지표이다.

시장 접근법

EBITDA 배율 방식

평가액 = 평가 대상 회사의 EBITDA × 배율

> Remember!
> 시장 접근법은 기업의 주가를 고려해서 평가한다.

예를 들어, 운송업 관련 회사의 EBITDA 배율이 4배라고 한다면, 평가 대상의 EBITDA를 4배로 해서 평가 대상의 가치를 산정할 수 있다. '비슷한 회사가 이 정도로 평가받고 있으니 이 회사라면 이 정도의 평가를 받을 것이다.'라는 비교가 이 평가 방법의 특징이다.

이 EBITDA 배율 방식은 최근에 많이 사용되고 있다. EBITDA 배율은 업종이나 주식시장에서의 상황에 따라서 달라지기도 하지만, 대체로 4~8배라고 일컬어진다. 또한 주식 투자를 하는 사람이라면 알고 있을 법한 PBR*(주가순자산비율), PER*(주가수익비율) 지표도 이 시장 접근법의 일종이다.

이 방식은 비교적 알기 쉽고 간단하지만, 비슷한 회사를 참고로 하고 있는 것에 불과하기 때문에 그 회사가 가지고 있는 독자성을 평가할 수는 없다. 또한 주가에 근거한 평가가 항상

PBR(price on book-value ratio)
주가를 1주당 순자산으로 나눈 것으로, 주가가 1주당 순자산의 몇 배로 매매되고 있는가를 표시한다. 주가는 그 회사의 종합적인 평가이므로 주주 소유분을 초과한 부분은 모두 그 회사의 잠재적인 프리미엄이 되기 때문에 경영의 종합력이 뛰어나면 뛰어날수록 배율이 높아진다고 할 수 있다.

PER(price-earning ratio)
특정 주식의 주당시가를 주당이익으로 나눈 수치로, 주가가 1주당 수익의 몇 배가 되는가를 나타낸다. PER이 높다는 것은 주당이익에 비해 주식가격이 높다는 것을 의미하고, PER이 낮다는 것은 주당이익에 비해 주식가격이 낮다는 것을 의미한다.

정확하다고 할 수는 없기 때문에 주가에 따라서 과대평가되거나 과소평가되기도 한다는 점이 시장 접근법의 단점이라고 할 수 있다.

지금까지 회사의 가치를 책정하는 3가지 평가 방법에 대해서 간단히 알아보았다. 평가 방법마다 나름대로의 장단점을 가지고 있다는 점에 대해서는 충분히 이해했을 것으로 생각한다. 실제로 회사의 가치를 책정할 때에는 종합적인 분석이 필요하다. 앞서 설명한 것처럼 '회사'는 원래 상황에 따라 가치가 제각각이기 때문에 A의 방법으로 평가한 값이 a였으니 '이 회사의 가격은 a이다.'라는 식으로 간단히 단정 지을 수 없는 것이다.

평가 방법의 정리

착안점	평가 방법의 명칭	특징
자산 가치	자산 접근법 (asset approach)	기업이 보유하고 있는 자산의 가치에 주목한 평가 방법
수익률	수익률 접근법 (income approach)	수익률에 주목한 평가 방법
수급(상장)	시장 접근법 (market approach)	주식시장의 상황을 참고로 한 평가 방법

- 어떤 평가 방법도 장단점을 가지고 있다.
- 가격을 책정할 때에는 종합적인 분석이 필요하다.

05 '회사의 가치'는 몇 가지로 나뉜다.

> '사업 가치'와 '사업 외 자산', '주주 가치'와 '유이자부채'

지금까지 '회사의 가치'라는 애매한 명칭으로 가치에 관한 이야기를 계속해 왔다. 그러나 '회사의 가치'는 어떤 범위를 평가의 대상으로 하느냐에 따라 몇 가지가 존재한다. 회사의 가치는 '사업 가치', '회사의 가치', '주주 가치'의 3종류로 나뉘는 것이 일반적이다. 이 장에서는 각각의 가치가 무엇을 나타내는지와 그 상호관계에 대해서 알아보도록 하겠다.

사업 가치 - 본질적인 회사의 가치

기업은 주주나 은행으로부터 자금을 조달받아서 설비투자를 하고 생산 활동을 함으로써 수익을 올린다. 회사의 본질적인 가치는 바로 여기에 있으며, 그 본질적인 가치를 '사업 가치'라고 한다. 즉, 사업 가치란 기업이 본업을 영위하는 것에 의한 가치라고 할 수 있다.

:: 회사의 가치 – 기업은 사업 외 자산도 가지고 있다.

한편 기업은 사업 외 자산을 보유하기도 한다. 이익이 너무 많이 나서 사업 외 자산으로서 임대 건물을 소유하거나 현금을 과잉으로 축적하고 있는 회사도 있다. 이런 회사의 경우 본업 이외에 사업 외 자산의 가치도 함께 합산하지 않으면 정확한 회사의 가치를 산출할 수 없다. 수식으로는

회사의 가치 = 사업 가치 + 사업 외 자산

으로 나타낼 수 있다.

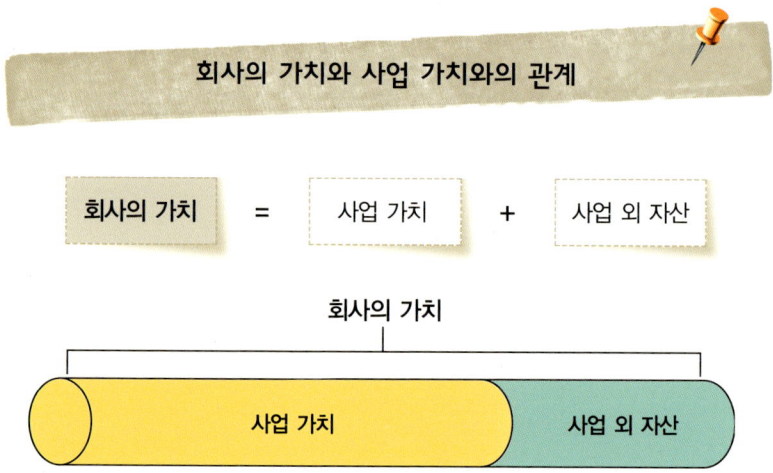

- 회사의 본질적인 가치는 '사업 가치'이지만, '사업 외 자산'에도 커다란 가치가 있는 경우도 있다.
- 회사의 가치란 사업 가치와 사업 외 자산의 합계이다.

:: 주주 가치 – 채권자 가치 공제 후의 잔여가치

주주 가치란 회사의 가치에서 채권자 가치인 차입금(**유이자부채**^{*})을 뺀 값을 말한다. 수식으로는

> 주주 가치 = 회사의 가치 – 유이자부채

로 나타낼 수 있다.

상법 제538조에는 '주주는 잔여재산의 분배를 받을 권리를 가진다.' 라고 명시되어 있다. 이때의 '잔여재산' 이란 기업이 해체됐을 때 부채를 변제하고 남은 재산을 말한다. 즉, 회사의 가치를 누구에게 귀속시키느냐라는 측면에서 봤을 때, 채권자에게 귀속시킬 부채가 주주 귀속분에 우선된다고 보기 때문에 유이자부채를 공제한 후의 가치를 '주주 가치' 로 생각하는 것이다.

> **유이자부채(有利子負債)**
> 금리를 지불하지 않으면 안 되는 부채로 장기차입금, 사채, 전환사채 등 어떤 형태로든지 이자를 지불해야 하는 부채

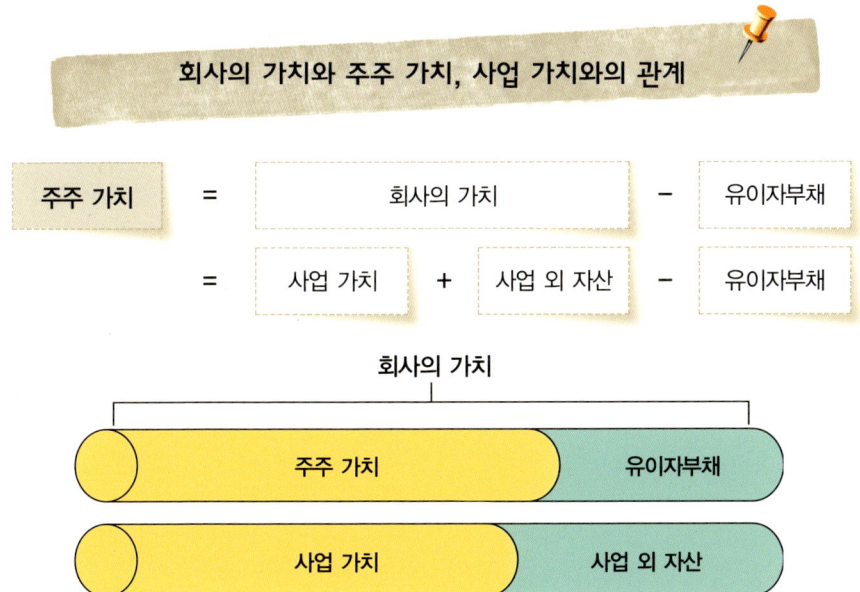

회사의 가치와 주주 가치, 사업 가치와의 관계

:: 평가 방법과 '○○가치'와의 관계

이제 '자산 접근법', '수익률 접근법', '시장 접근법'의 3가지 평가 방법마다 달라지는 산정 가치에 대한 생각을 구체적으로 알아보자.

'수익률 접근법'과 '시장 접근법'은 사업(사업용 자산)의 수익률을 근거로 한 평가 방법이기 때문에 '사업 가치'를 산출한다. '회사의 가치'를 산출하기 위해서는 '사업 외 자산'을 합해서 계산해야 한다.

'회사의 가치'에서 '주주 가치'를 산정하는 과정 중 가장 중요한 것은 회사가 가지고 있는 자산에서 '사업 외 자산'을 빼서 '사업용 자산'과 구분하는 일이라고 할 수 있다. '사업 외 자산'이란 현재 가지고 있는 예금 중 사업에 필요한 만큼의 돈을 빼고 남은 여유 운전자금, 유가증권, 임대용 부동산 등을 말한다.

한편 '자산 접근법'은 원래 회사가 보유하고 있는 모든 자산(부채)을 나타내는 재무상태표에 근거한 평가 방법이다. 따라서 평가 대상을 사업용 자산으로 하면 '사업 가치'가 되고, 사업 외 자산을 포함하면 '회사의 가치'가 되며, 주주 귀속분으로 하면 '주주 가치'가 된다.

그러나 여기에는 '사업'의 가치를 평가한다는 발상은 포함되어 있지 않다. 평가 대상은 개개인의 자산(부채)이고, '자산 접근법'에 의해 산출되는 '사업 가치'는 사업용 자산의 평가액을 합산한 것에 불과하다. 반대로, '수익률 접근법'과 '시장 접근법'의 경우에는 아무리 훌륭한 사업용 자산을 소유하고 있더라도 수익률이 따라 주지 않으면 가치가 없다고 본다.

'수익률 접근법'과 '시장 접근법'에서는 부동산을 자사소유로 할 것인지, 임차로 할 것인지 혹은 설비를 구입할 것인지, 리스로 할 것인지와 같은 것은 어느 쪽을 선택해도 상관없다. 어느 쪽을 선택하건 이익을 올리는 회사가 좋은 회사인 것이다.

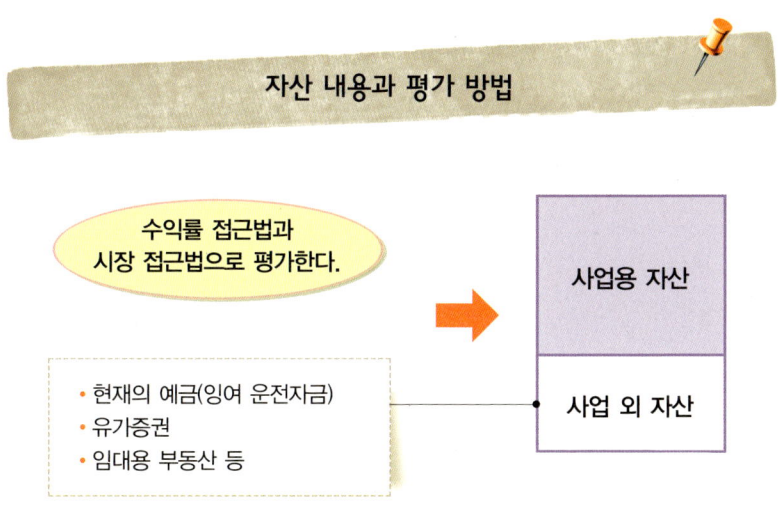

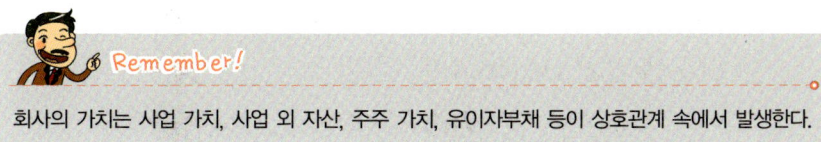

회사의 가치는 사업 가치, 사업 외 자산, 주주 가치, 유이자부채 등이 상호관계 속에서 발생한다.

06 '회사의 가치'를 높이기 위해서는?

⋯▸ '좋은 자산을 보유한다.', '이익을 올린다.', '인기를 높인다.'

사장이라면 누구나 회사의 가치를 올리고 싶다고 생각할 것이다. 그렇다면 어떻게 해야 회사의 가치를 올릴 수 있을까? 여기에서는 지금까지 설명했던 평가 방법의 포인트에 초점을 맞추어 생각해 보도록 하겠다.

기업을 평가하는 3가지 포인트는 ① 자산 가치=좋은 자산을 소유하고 있는가, ② 수익률=어느 정도의 이익을 올리고 있는가, ③ 수급(상장)=회사주식이 어느 정도 인기가 있는가였다.

반대의 입장, 즉 평가받는 사장의 입장에서 생각해 보면 좋은 자산을 보유하고, 많은 이익을 내고, 회사의 인기를 올리기만 하면 회사의 가치를 올릴 수 있다는 말이 된다. 어쩌면 당연하다고 생각할지도 모르지만 이것들을 실행에 옮기는 것은 무척 어려운 일이다. 한 가지씩 구체적으로 생각해 보자.

∷ 좋은 자산을 보유해서 가치를 올린다.

우선 ① '좋은 자산을 보유할 것'에 대해서 생각해 보자. '좋은 자산'이란 어떤 자산을 가리킬까? 기업 활동을 함에 있어서 좋은 자산이란 당연히 '돈이 되는 자산'을 의미한다. 동일한 이익을 올리기 위해서라면 적은 자산(투자)으로 끝내 버리는 쪽이 효율이 좋아진다. 이런 상태를 '자산(자본) 효율이 좋다'라고 한다. 자산은 무조건 많으면 좋은 것이 아니라 그 내용이 좋아야 하는 것이다.

자산에도 여러 가지 종류가 있다. 구체적으로 살펴보면, 보유하고 있는 것만으로 돈이 되는 자산, 조금의 노력을 기울이면 돈이 되는 자산, 반대로 보유하고 있는 것만으로도 돈이 나가는 자산 등이다. 예를 들어, 예금이나 채권은 가지고 있는 것만으로 돈을 벌 수 있지만, 생산 설비는 재료를 투입해서 사람이 조작하지 않으면 돈이 되지 않는다. 또한 장기간 팔리지 않은 재고를 보유하기 위한 창고는 가지고 있는 것만으로 돈이 나가는 자산이라고 할 수 있다.

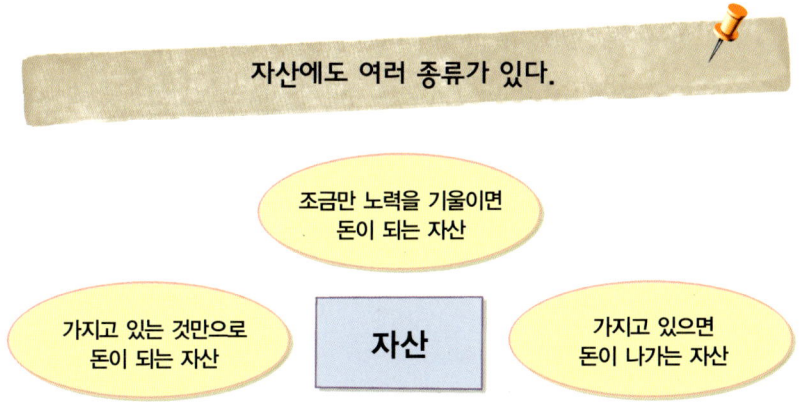

 Remember!

- 자산에도 여러 종류가 있다.
- 좋은 자산이란 돈이 되는 자산을 말한다.

크게 생각해 보면, 사업부 자체를 하나의 자산이라고 보고 불량 사업과 우량 사업을 나누는 것도 있을 수 있다.

오른쪽 표의 회사는 자산 총액이 4,000만 원이고, 총이익이 200만 원이다. 총자산(투자)에 대한 이익비율은 200만 원÷4,000만 원=5%이다.(참고로 이 수치를 ROA(return on assets, 총자산 이익률, 알오에이)라고 부른다. 이 수치는 기업 경영을 함에 있어서 중요한 지표가 된다.) 이 결과에 불만을 품은 사장이 그 원인에 대해 분석을 했다.

원인을 분석하자면, 이 회사가 보유하고 있는 4개의 자산 중에서 자산 A가 마이너스 이익률을 내는 자산, 즉 '돈 잡아먹는 벌레'와 같은 자산이라는 것을 알게 되었다. 사장은 즉시 담당자에게 수익률이 10%인 자산 E와 바꾸도록 명령했다. 그 후 어떻게 됐을까? 전체 총자산 이익률이 10%(400만 원÷4,000만 원)로 향상했다.

10%는 꽤 큰 숫자이다. 이익률이 늘어나면 당연히 회사의 가치가 올라간다. 여기에서는 간단히 '자산'이라는 표현을 사용했지만, '사업'으로 바꾼다면 더 이해하기 쉬울지도 모르겠다. '불채산 사업을 정리하고 주력사업에 집중 투자'함으로써 회사의 가치를 높인다고 쓰여 있는 신문 기사를 읽어본 적이 있을지도 모르겠다. 거기에는 바로 이런 비밀이 숨겨져 있었던 것이다.

:: 이익을 높인다 – 매출을 늘릴 것인가, 비용을 줄일 것인가?

다음으로 ② '이익을 높일 것'에 대해 생각해 보자. 이익이란 매출에서 비용을 뺀 값을 말한다. 이익을 향상시키기 위한 방법으로는 매출을 늘리는 방법과 비용을 줄이는 방법 두 가지가 있다.

　우선 매출을 늘리기 위해서는 매출 수량을 늘리거나 단가를 높여야 한다. 매출 수량을 늘리기 위한 방법으로는 판매점을 늘리거나 담당 영업사원을 늘리거나 또는 인터넷 판매를 강화하거나 하는 방법 등이 있다. 또한 단가를 높이기 위한 방법으로는 고객의 요구를 반영한 신제품이나 고부가가치 제품이나 서비스를 개발하는 방법 등을 생각해 볼 수 있다.

자산을 교체해서 회사의 가치를 높이는 방법

(단위: 만 원)

	가격	수익	수익률
자산 A	1,000	-100	-10%
자산 B	1,000	0	0%
자산 C	1,000	100	10%
자산 D	1,000	200	20%
합계	4,000	200	5%

자산의 교체

	수익	수익률
자산 E	100	10%
자산 B	0	0%
자산 C	100	10%
자산 D	200	20%
합계	400	10%

전체 수익률이 향상되고 회사의 가치가 올라간다!!

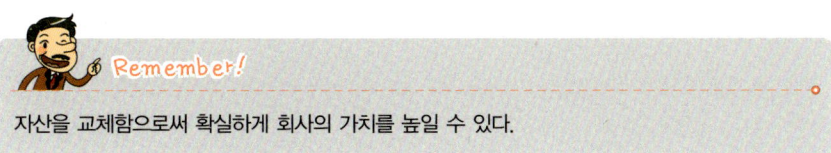

Remember!
자산을 교체함으로써 확실하게 회사의 가치를 높일 수 있다.

어느 회사든 효과가 곧바로 나타날 수 있는 매출 증대 방법은 없다. 비용 삭감의 경우도 마찬가지로 성과가 날 때까지는 어느 정도의 시간이 필요하다. 재료비를 삭감하고자 할 경우에도 재질이나 설계를 재점검할 시간이 필요하고, 잔업비의 삭감을 위해서는 업무 내용을 확실히 점검한 후 착수하지 않으면 현장에 혼란을 불러올 수 있다.

자산의 교체가 과격한 방법인 것에 반해, 수익성을 향상시키는 것은 착실한 방법이다. 자산이나 사업의 교체를 결단하는 것은 경영자밖에 할 수 없는 일이지만, 현장에서 개선이 필요한 경우라면 종업원 누구라도 참여할 수 있다. 그런 의미에서 수익성의 향상은 경영자만의 문제가 아니라 회사 전체적인 문제라고 할 수 있다. 즉, 수익성의 향상은 회사의 가치를 향상시키기 위한 가장 좋은 방법인 것이다.

∷ 보완적인 의미로서 '인기를 높인다.'

마지막으로 ③ '인기를 높인다는 것'에 대해 이야기해 보자. 기업의 인기를 높인다는 것은 기업 한 곳의 노력보다는 사회 환경에 의한 부분이 크다고 할 수 있다. 인기를 얻기 위해 일부러 튀는 경영 전략을 세우는 것은 본말전도이며, 그것이 반대로 회사의 가치를 저하시키는 원인이 될 수도 있다.

물론 투자자에게 자사의 정확한 모습을 알려 안심시키는 일은 매우 중요하다. 그러기 위해 상장기업은 투자자에게 맞춘 자사 실적이나 경영 전략에 관한 정보를 발신하고 있다. 이런 활동을 IR(investor relations) 활동이라고 부른다. 하지만 이 행위는 어디까지나 다른 두 가지 방법의 보완적인 의미에

지나지 않는다. 질이 좋지 않음에도 불구하고 인기를 얻는 것에만 급급하다면, 그 인기는 오래 유지되지 못할 것임에 분명하기 때문이다.

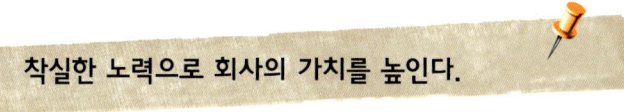

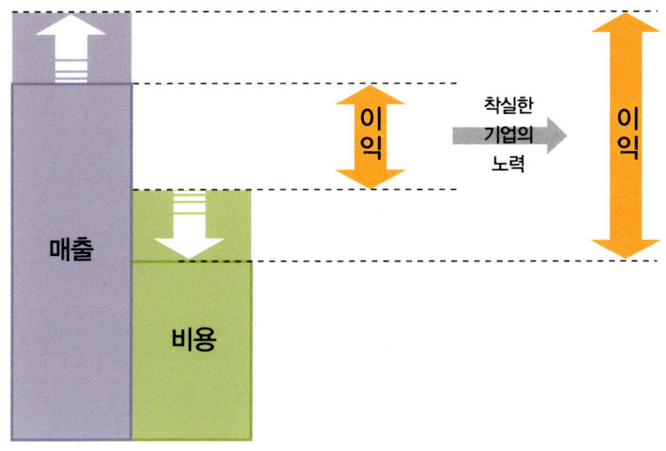

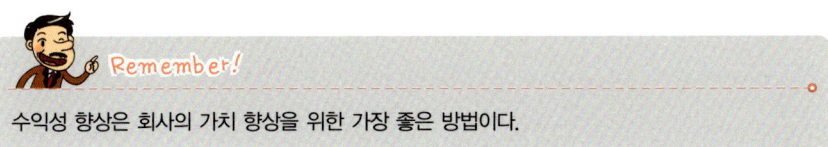

- 수익성이 낮은 자산(사업)을 수익성이 높은 자산(사업)으로 교체한다.
- 고부가가치의 제품(서비스)을 싼 비용으로 제공한다.

Remember!

수익성 향상은 회사의 가치 향상을 위한 가장 좋은 방법이다.

07 '회사의 가치'는 상대적인 것이다.

❖ '이론적인 평가액' 과 '실제 거래 가격' 과의 차이

회사의 가치에는 두 가지 측면이 존재한다. 지금까지 설명한 회사의 가치는 이론에 근거한 것으로, 그 한 측면에 불과하다. 이제부터는 또 다른 측면, 즉 이론적으로는 설명할 수 없는 회사의 가치에 대해 설명해 보기로 하겠다.

∷ 전문가는 '이론'적으로 회사의 가치를 결정한다.

기업, 즉 회사의 경영권이 거래되거나 증자하거나 할 경우 증권회사나 공인회계사와 같은 전문가들이 그 회사를 평가한다는 것에 대해서는 이미 앞서 설명했다. 이것은 부동산은 부동산 감정사나 부동산 회사가 감정평가를 하고, 그림과 같은 미술품의 경우에는 미술상 등이 감정하는 것과 동일한 이치이다.

전문가가 회사의 가치를 평가하기 위해서는 몇 가지 정해진 이론이 존재한다. 그것이 바로 앞서 설명한 자산 접근법, 수익률 접근법, 시장 접근법과 같은 이론들이다. 만약 이 이론들이 없다면 아무리 전문가라고 하더라도 평가하는 사람마다 각각 결과가 달라질 것이다. 회사를 매매할 때에는 전문가

가 '저 회사는 이런 이론에 근거해서 평가하면 얼마가 된다.'라고 가치를 책정한다. 이것이 바로 위에서 설명한 회사의 가치의 첫 번째 측면이다.

논리적이 아닌 실제적인 거래 가격

두 번째로는 실제적인 거래 가격이다. 전문가의 평가와는 상관없이 회사를 매매하는 당사자에게는 논리적으로 설명하지 못할 고민이 있을 수도 있다. 예를 들어, A회사의 브랜드를 소유하고 싶어서 어떻게 해서든 그 회사를 손에 넣으려고 하는 사람이라면 A회사의 인수 가격이 이론적으로 아무리 비싸다고 하더라도 그 회사를 사들이려고 할 것이다. 매매가격은 상대적인 것으로 당사자끼리의 입장이나 상황에 의해 결정된다.

현재 아무리 높은 수익을 내고 있고, 재무 상태가 양호하며, 게다가 성장성까지 갖추고 있는 이상적인 우량 기업이라고 하더라도 자사에 필요가 없으면 그 회사는 전혀 가치가 없는 것이다.

회사의 가치에는 2가지 측면이 있다.

회사의 가치의 2가지 측면

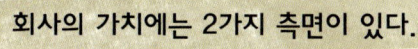

이론적인 평가액 ╪ 실제적인 거래 가격

Remember!

실제의 거래 가격은 이론적인 평가액과 반드시 일치하지는 않는다.

:: 살아 있는 인간이 하는 거래의 이치

회사의 매매 또한 거래이기 때문에 파는 쪽은 가능하면 높은 가격에 팔려고 하고, 사는 쪽은 가능하면 싸게 사려고 한다. 그러나 실질적인 거래는 살아 있는 사람이 하는 것이어서 항상 합리적일 수는 없다. 예를 들어, 회사의 가치가 이론적으로 50억 원으로 평가되었다고 하더라도 서둘러서 팔고자 한다면 40억 원에 팔 수도 있을 것이고, 그다지 급하지 않다면 60억 원 이상을 받고 팔려고 할지도 모른다.

또한 거래 상대에 따라서 달라질 수도 있다. 예를 들어, 자신이 경영하고 있는 회사를 팔려고 하는 B라는 사장이 있다고 하자. X씨가 50억 원에, Y씨가 40억 원에 B사장의 회사를 사고 싶다고 제의해 왔다. 당연히 B사장에게는 거래 상대로 X씨를 선택하는 쪽이 합리적일 것이다. 그러나 교섭을 할 때 X씨는 계속해서 '내가 네 회사를 사주는 거야.' 라는 태도를 보였다. B사장은 이런 X씨가 맘에 들지 않았다.

그에 반해 Y씨는 교섭하는 자세가 매우 성실했다. B사장은 이런 Y씨에게 호감이 갔다. 10억 원의 차이가 적은 것은 아니었지만, B사장에게 있어서는 어느 정도 허용할 수 있는 범위였다. 결국 B사장은 높은 가격을 제시한 X씨가 아니라 10억 원을 적게 제시한 Y씨에게 회사를 팔아버렸다. 이런 이야기도 살아 있는 인간이기 때문에 가능한 것이다. 사실 이런 이야기는 중소기업의 매매(M&A)에서는 흔히 있는 일이다.

결국, 경영활동은 살아 있는 인간이 행하는 것이기 때문에 합리적이지 못한 부분 또한 반드시 존재하는 법이다.

제시액과는 별개로 비합리적인 판단을 하기도 한다.

실제의 매매가격은 이론만으로는 설명하기 힘든 부분도 있다.

:: '얼마에 사야 할까' 보다 '회사를 사들인 후에 얼마를 벌 수 있을까' 가 중요하다.

말이 나온 김에 한 가지에 더 이야기해 보자. 기업의 진짜 가치는 파는 사람이 아닌 사는 사람에 의해서 결정된다. 예를 들어, 전문가가 평가한 이론적인 가치가 50억 원으로 산정된 기업을 10억 원에 살 수 있었다고 하자. 그렇더라도 그 후에 경영이 제대로 이루어지지 않아 계속해서 적자가 났다면, 결과적으로는 그 기업은 '비싸게 산 물건'이 되어 버리고 말 것이다.

반대로 본래 50억 원의 가치밖에 없다고 평가된 기업을 100억 원에 샀다고 하더라도 그 후에 200억 원의 이익을 냈다면, 결과적으로 그 기업은 '이득을 본 물건'인 것이다.

인수 회사의 가치가 타당한지 아닌지를 결정하는 것은 어디까지나 사는 쪽의 경영 수완에 의해 달라진다고 할 수 있다. 회사는 얼마에 사야 하는가 보다도 사들인 후에 얼마나 더 가치를 높일 수 있을지가 중요하다. 그런 의미에서 보면 회사의 가치를 결정하는 것은 바로 회사를 인수한 본인이다.

회사의 가치가 적절했는지 아닌지는 몇 년이 지난 후 되돌아 봤을 때 비로소 알게 될 것이다.

> 회사의 가치는 인수한 후에 어떻게 경영을 하느냐에 의해 달라진다.

인수 시에는 100억 원

- 적자 경영 → '비싸게 산 물건'
- 이익 경영 → '이득을 본 물건'

 Remember!

- 회사의 가치는 인수한 뒤부터가 본격적인 승부이다.
- '이득을 본 물건'인지는 경영 수완에 따라 달라진다.

08 '회사의 가치'를 높인다는 것은 무엇을 높인다는 것일까?

> 애매한 회사의 가치를 이해하자.

최근 상장회사의 사장이 TV 취재 등을 통해 '회사의 가치를 높이기 위한 경영을 목표로 노력하고 있습니다. 구체적인 수치 목표는······.'라고 발언하는 장면을 종종 목격하게 된다. 그렇다면 과연 여기에서 말하는 '회사의 가치'란 구체적으로 무엇을 의미하는 것일까? 사람에 따라서는 '시가총액'이나 '주주 가치'라는 말로 대신하기도 하지만, 이것들은 정말로 같은 의미일까 아니면 다른 의미일까? 실제로 우리나라에서 '회사의 가치'라는 말은 그 정의가 애매한 채로 사용되는 경우가 많은 것 같다.

'회사의 가치'의 넓은 의미와 좁은 의미

기업 평가를 전문적으로 하고 있는 업계에서는 '회사의 가치'의 정의를 '사업 가치'나 '주주 가치'와 확실하게 구별해서 사용하고 있다. 그러나 일반적으로 '회사의 가치'라는 말을 사용할 때에는 '사업 가치'나 '주주 가치'와 특별히 구별하지 않고, '기업에 관련된 가치'라는 정도의 넓은 의미로서 사용되는 경우가 많은 것 같다.

실제로 이런 차이를 잘 알고 있는 평가 전문가들도 그 뜻을 엄밀히 구분하지 않은 채 넓은 의미로서 '회사의 가치'라는 용어를 사용하는 경우도 있다. 따라서 TV 등에서 넓은 의미로 사용되는 '회사의 가치'를 좁은 의미로 이해해 일부러 잘못을 지적할 필요는 없다. 그러나 '회사의 가치'에 관한 이야기를 보다 정확하게 이해하기 위해서는 좁은 의미와 넓은 의미의 '회사의 가치'의 차이를 구별할 수 있어야 하지 않을까? 그러기 위해서 넓은 의미의 '회사의 가치'로 종종 혼동되어 사용되고 있는 '시가총액'과 '주주 가치'가 실제로 무엇을 의미하고 있는지와 각각의 차이에 대해서 알아둘 필요가 있다.

Remember!
애매하게 사용되는 '회사의 가치'의 의미를 정확하게 이해하자.

:: '주가'는 어떻게 결정되는가?

시가총액을 이해하기 위한 사전 준비로서 '주가'가 어떻게 형성되는지에 대해 다시 한 번 확인해 보도록 하자. 상장기업의 주식에는 주가, 즉 가격이 책정되어 있다. 팔려고 하는 사람과 사려고 하는 사람이 증권회사를 통해 '얼마에 팔 것인가', '얼마에 살 것인가'라고 주문을 하고, 서로의 요구가 만족되면 거래가 성립된다. 바로 이때 '주가'라는 것이 형성된다. 이런 거래는 한국증권거래소와 같은 증권시장에서 하루에도 몇 만 건, 몇 억 건씩 이루어지고 있다.

이렇듯 많은 거래가 이루어지고 있기 때문에 주가는 항상 변동한다. 여러분이 핸드폰으로 통화를 하고 있는 단 몇 초 동안에도 주가는 크게 변동하고 있을 수 있다. 하루 동안 위아래로 10% 이상 변동하는 것도 이상한 일이 아니다. 주식시장에는 주가의 오르내림으로 돈을 벌려고 하는 사람들이 많다. 영국의 경제학자 케인스는 "주식은 미인 선발대회와 같다."라고 했다. 인기가 있는 사람에게 표가 모인다는 점에서 꽤 적절한 비유라고 하겠다. 주식 투자를 하는 사람은 모두가 탐내 하는 인기주식을 사려고 한다. 그렇게 되면 인기주식의 주가는 올라간다. 반대로 모두가 원하지 않는 회사의 주식은 좀처럼 팔리지 않는다. 그렇게 되면 주가는 자연히 내려간다.

이렇듯 증권시장에서는 회사의 내용보다도 인기가 있느냐 없느냐가 그 회사의 주가를 좌우한다. 아무리 업적이 좋지 않은 회사라고 하더라도 인기가 있다면 주가는 올라간다. 반대로 업적이 좋은 회사라도 인기가 없다면 주가가 높이 올라가는 것을 기대하기는 어렵다. 또한 전 세계적으로 경기가 좋을 때에는 전반적인 강세에 힘입어 주가가 쉽게 올라가지만, 반대로 불경기의 바닥에서 헤매고 있을 때에는 모두들 두려워하기 때문에 주가 또한 가치 이하로 낮아지는 경향이 있다. 즉, 주가는 단기적으로 보면 기업의 경영 노력과는 전혀 상관없는 것에 의해 변동되기도 한다.

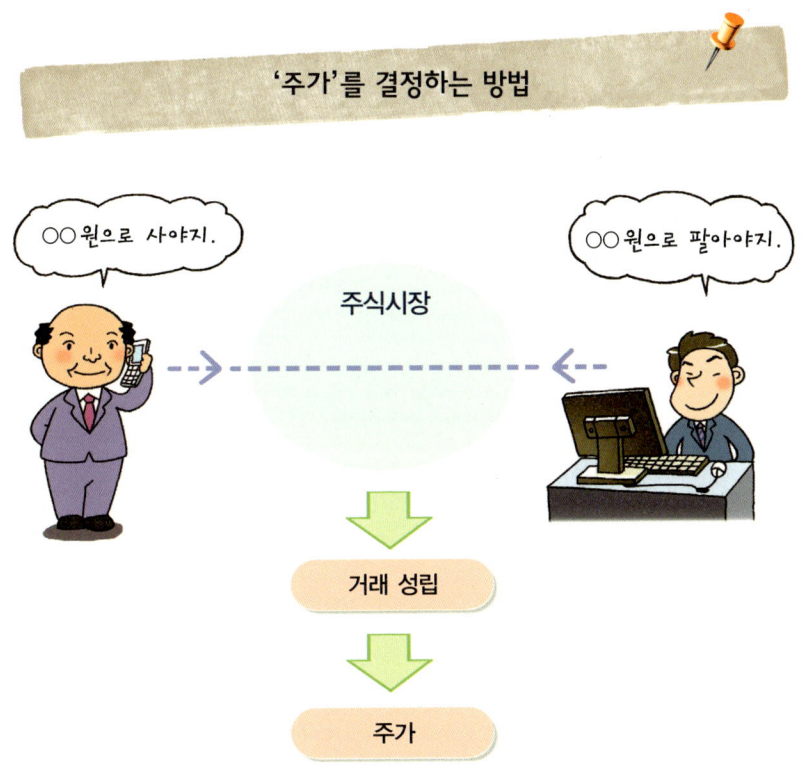

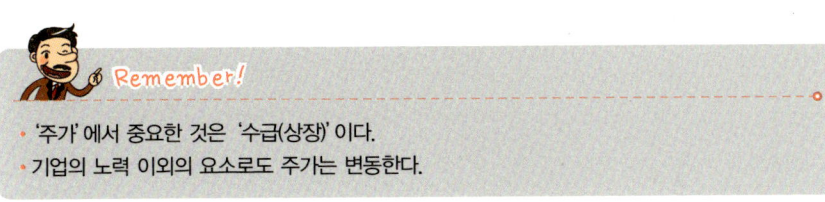

- '주가'에서 중요한 것은 '수급(상장)'이다.
- 기업의 노력 이외의 요소로도 주가는 변동한다.

시가총액 – 기업의 소유주가 되기 위한 가격

상장기업의 경우 주식에는 '주가'라는 가격이 책정되어 있다.

한편 주식회사란 몇 명의 주주가 공동으로 회사를 소유하는 경영 형태이므로 회사의 소유권을 몇 개로 분할해야 한다. 이로 인해 발행한 주식 수는 '발행주식 총수'로서 표시된다. 오른쪽 표에 의하면 삼성전자의 발행주식 총수는 147,299,337주이다.

만일 삼성전자를 혼자서 독차지하고 싶다고 생각하는 사람이 있다면 그 사람은 적어도 1억 4천 주 이상의 주식을 가지고 있지 않으면 안 된다. 시가총액이란 어느 시점의 주식을 가지고 그 기업이 발행한 주식의 총액을 평가하는 지표이다. 이런 시가총액은 다음과 같은 식으로 계산된다.

시가총액 = 주가 × 발행 주식 총수

삼성전자의 주식 거래 가격은 한 주당 755,000원이다. 따라서 이 주가로 계산해 보면

775,000원 × 147,299,377주 = 111,210,900,000,000원

이 된다. 즉, 110조원 이상의 자금이 필요하게 되는 것이다. 또한 이 111,210,900,000,000원이 삼성전자의 '시가총액'이다.

시가총액은 '주가×발행주식 총수'이기 때문에 이런 시가총액은 주가와 마찬가지로 시시때때로 변화하며, 기업의 노력과는 별개의 요인에 의해서 변동되기도 한다.

삼성전자의 상황

삼성전자의 최근 5년 영업실적

(단위: 백만 원)

구분	2009년 1분기	2008년	2007년	2006년	2005년
매출액	18,566,217	72,952,991	63,175,968	58,972,765	57,457,670
영업이익	147,639	4,134,070	5,942,855	6,933,933	8,059,775
계속사업이익	619,237	5,525,904	7,425,016	7,916,491	7,610,755
당기순이익	619,237	5,525,904	7,425,016	7,916,491	7,610,755

Remember!

시가총액은 매일매일 변화한다.

∷ 주주 가치 – 기업 소유주의 본질적 가치

　다음으로 '주주 가치'와 '시가총액'과의 관계에 대해 생각해 보자. '시가총액'에 관한 설명을 읽으면서 이미 눈치를 챈 분도 있을지 모르지만 '주가'란 주주가 보유한 주식의 1거래 단위에 대한 가격을 말한다. 따라서 주가에 발행주식 총수를 더한 '시가총액'은 그 기업 전체 '주주'의 가치, 즉 '주주 가치'에 대한 가격이라고 할 수 있다.

　'시가총액'은 급격하게 변동하는 것이다. 그 기업의 본질적인 가치를 생각하면 조금 이상하다고 느낄지도 모른다. 기업의 본질이란 그리 간단하게 변하는 것은 아니기 때문이다. 사업 내용이 갑자기 바뀌는 경우도 드물고, 어제까지 수익을 올리지 못했던 회사가 내일 갑자기 돈을 벌게 되는 것도 흔한 일은 아니다. 회사의 진정한 '가치'란 매일매일의 경영활동이나 연구개발, 비용 절약과 같은 착실한 활동이 수익으로 직접 연결됨으로써 비로소 향상되는 것이다.

　회사가 안정적이고 제대로 된 수익을 낼 수 있는 실력을 갖추기까지는 어느 정도의 시간이 걸린다. 이것이 바로 본질적인 가치인 '주주 가치'와 시장이 책정한 가치인 '시가총액'과의 차이점이다. 진정한 '회사의 가치'와 '주주 가치'는 '시가총액'과는 달리 시간을 들여 천천히 변하는 것이다.

시가총액과 주주 가치

시가총액 = 주가 × 발행주식 총수

주가, 시가총액의 변동

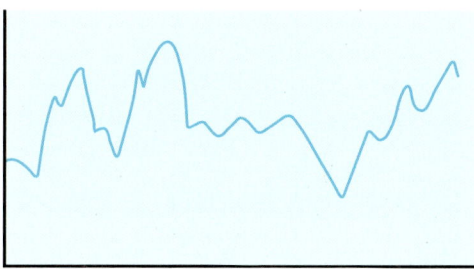

주주 가치

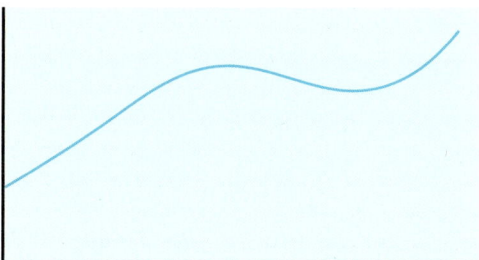

 Remember!

- 주주 가치: 착실한 활동으로 향상됨. → 천천히 변동함.
- 시가총액: 인기가 있으면 상승함. → 시시각각 변화함.

09 '회사의 가치'는 낮은 편이 좋을 때도 있다.

◆ 공들여 쌓아 올린 자산의 절반을 가져간다고?

∷ 회사의 가치가 내려가면 기뻐할 사람은 누구인가?

일반적으로 회사의 가치는 높은 편이 좋다. 보유하고 있는 주식의 가치가 오르면 기쁘고, 자신이 근무하고 있는 회사의 주가가 높으면 안심이 될 것이다. 이것이 보통사람들의 생각이다.

그러나 세상은 넓고, 이 세상에는 여러 종류의 사람이 존재하기 때문에 어딘가에는 회사의 가치가 낮아지면 기뻐하는 사람도 분명히 있을 것이다. 그렇다면 그런 사람은 도대체 어떤 사람들일까?

중소기업 중에서도 독자적인 기술이나 사장의 강력한 리더십을 원동력으로 한 상장기업 못지않은 우량 기업이 존재한다. 이런 기업이라면 당연히 회사의 가치 또한 높을 것이다. 하지만 자손 등에게 재산을 상속하게 될 경우에는 우량하다는 것이 오히려 마이너스 요인으로 작용한다. 상속세는 누진 과세이기 때문에 유산이 많으면 많을수록 세율이 높아지고 최대 50%의 세금이 부과되기도 한다. 오랜 세월을 공들여 회사의 가치를 높이고도 그 절반을 세금으로 납부해야만 하는 것이다.

중소기업 경영자가 소유하고 있는 재산의 대부분은 자신이 경영하는 회사의 주식이다. 하지만 이런 주식은 상장주식과 달리 간단히 사고팔 수도 없다. 게다가 상속세는 현금으로 납부하지 않으면 안 되도록 규정되어 있다.

상속세의 세율

과세표준	세율	누진공제
1억 원 이하	10%	–
1억 원 초과~5억 원	20%	1,000만 원
5억 원 초과~10억 원	30%	6,000만 원
10억 원 초과~30억 원	40%	1억 6천만 원
30억 원 초과	50%	4억 6천만 원

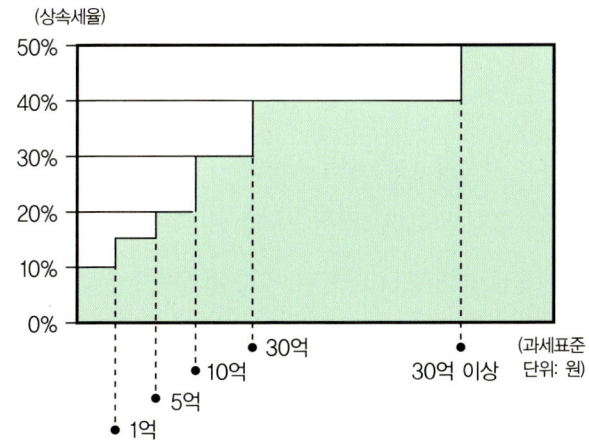

:: 사장의 '세금 대책'의 속내

'세금 대책'이라는 말을 종종 듣곤 한다. 경영자 중에는 자신이 죽었을 때 (상속할 때)에 가능한 한 세금을 적게 납부하기 위해서 주식의 가치를 최대한 낮추는 대책을 세우기도 한다. 회사의 가치, 즉 상속할 재산의 가치가 낮아지면 상속세가 줄어들기 때문이다.

수익을 올리고 있지 않은 것처럼 보이기 위해서는 어떻게 하면 좋을까, 상속세로 납부할 현금을 준비하기 위해서는 어떻게 해야 좋을까 등을 머리를 싸매고 열심히 고민하는 것이다. 나이가 지긋한 사장이 세무사에게 이런 상담을 한다는 이야기를 들어본 적이 있지 않은가? 잘 알지 못하는 사람이라면 '어차피 돈도 많이 벌었으니 머리 굴려 상속 대책 따위 세우지 말고 세금 정도는 납부하지 그래'라고 말할지도 모르지만, 당사자의 입장에서 보면 세금 대책을 세우는 일은 매우 절실한 문제임에 틀림없다. 상속세를 납부하기 위해서 빚을 지는 경우도 종종 있다.

그렇다면 상속할 때의 회사의 가치에 대한 평가 방법과 M&A 때의 평가 방법은 동일할까? 앞서 설명했듯이 M&A의 경우에는 어느 정도 자유로운 평가가 가능하다. 당사자 간에 서로 납득한다면 그것으로 괜찮았다. 하지만 세금이 관련되면 문제는 그리 간단하지 않다. 비슷한 회사가 동일한 평가를 받지 않는다면 불공평하지 않겠는가! 비슷한 수준인 A회사 사장은 세금을 많이 납부하고 B회사 사장은 세금을 거의 납부하지 않았다면 국가의 신용에 문제가 있는 것이다. 세금은 이런 공평성이 매우 중요하다. 그래서 국가에서는 '재산평가 기본통달'이라는 평가기준을 정해 '이런 자산은 반드시 이렇게 평가하지 않으면 안 된다.'라고 규정짓고 있다. 오른쪽 표에 기술된 것 이외에 특이하게 온천 이용권, 과수(果樹), 가축과 같은 평가 방법을 재산평가 기본통달로 정하는 곳도 있다. 이런 평가기준을 제대로 연구하고 파악한 전문가인 세무사가 각각의 회사에 맞는 대책을 조언하는 것이다.

'재산평가 기본통달'로 평가 방법을 정하고 있는 재산

- 토지 · 차지(借地)권
- 건물
- 비상장주식
- 상장주식
- 공사채
- 생명보험의 권리
- 서화 · 골동품
- 상표권, 특허권

Remember!
주식의 매매는 당사자 간의 합의만으로 성립되지만, '세금'에 관련된 자산 가치는 정해진 평가 기준에 의해 결정된다.

10 절세는 회사의 가치를 높인다?

▸ 중요하다고 해서 너무 초조해 하면 안 된다.

∷ 절세대책은 2가지로 분류된다.

중소기업의 사장은 피나는 노력의 결과로 일궈낸 이익을 세금으로 떼이는 것이 싫어서 세금 대책에 열을 올린다. 어느 정도 이익을 내고 있는 회사라면 대부분 되도록 세금을 납부하지 않으려고 접대비를 늘리거나 세금을 아껴주는 금융 상품을 구입하는 등의 절세대책을 세우고 있을 것이다. 이 때문에 겉으로 봐서는 그다지 이익이 발생되고 있지 않은 것처럼 보일 수도 있다. 그 마음을 이해 못하는 것은 아니다.

그렇다면 이렇게까지 해서 중소기업의 사장이 세금 대책을 세우는 것은 회사의 가치와 어떤 관계가 있을까?

세금 대책의 방법은 크게 나누어 ① 세액 그 자체의 발생을 억제시키는 방법, ② 세금의 납부시기를 나중으로 미루는 방법의 2가지가 있다. ①을 보면 바로 떠오르는 것이 주요 거래처의 접대 등과 같은 '접대비의 사용'이다. 어차피 세금으로 떼일 바에야 주요 거래처에게 선심 쓰는 쪽이 낫다고 판단한 것에서 나온 발상이다. 이 경우 세금은 확실히 절약할 수 있다.

이 밖에도 조금 전문적이기는 하지만 '세액공제'를 활용하는 것도 세금을 절약할 수 있는 방법 중 하나이다. 세액공제는 국가가 지정한 설비 등을 구입한 기업에게 세액을 절약할 수 있도록 해 주는 제도이다. 이런 제도를 미리 알아둔다면 최신 설비를 구입하고도 세금까지 절약할 수 있는 일석이조의 효과를 얻을 수 있다.

세금 대책은 2가지로 분류된다!

세금 대책

① '세액 그 자체의 발생을 억제시키는' 대책
　'접대비를 사용한다.', '세액공제' 등

② '세금의 납부시기를 나중으로 미루는' 대책
　'특별상각' 등

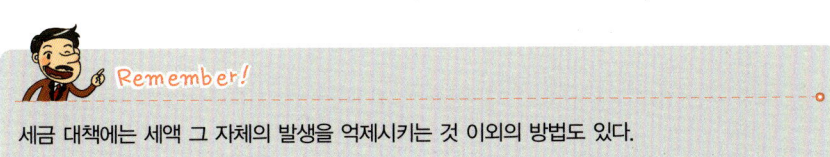

Remember!
세금 대책에는 세액 그 자체의 발생을 억제시키는 것 이외의 방법도 있다.

납부시기를 늦추는 '특별상각'

그럼 ② '납부시기를 나중으로 미루는 세금 대책'에는 어떤 방법이 있을까? 이 방법에는 특별상각이라는 제도가 있다. 특별상각이란 세액공제와 마찬가지로 국가가 지정한 설비 등을 도입한 기업에게 빨리 경비로 처리할 수 있도록 해 주는 제도이다. 세액공제와 다른 점이라면 세액공제로는 세금 그 자체를 아낄 수 있지만, 특별상각은 설비투자를 한 해의 경비는 증가하더라도 다음 해부터는 경비가 줄어든다(물론 결국에는 동일해진다)는 것이다. 세금 대책이라고 하면 많은 사람들이 ① '세액 그 자체의 발생을 억제시키는 방법'만을 생각할지도 모른다. 하지만 납부시기를 늦추는 세금 대책에도 커다란 의미가 있다. 세금의 납부시기가 늦춰진다는 것은 다시 말해 자금 운용이 쉬워진다는 뜻이 된다. 중소기업에 있어서 자금 운용이 쉬워진다는 것은 커다란 이점으로 작용할 수 있다.

세금 대책은 어느 정도가 좋을까?

그렇다면 세금 대책은 어느 정도가 좋을까? 지극히 당연한 수준에서 생각해 보자. 회사에 이익이 생기면 세금을 납부해야 한다. 반대로 이익이 나지 않으면 세금을 납부하지 않아도 된다. 그렇다면 이익이 나지 않도록 하면 세금을 납부하지 않아도 되지 않을까!······. 그리 간단한 문제는 아니다. 이익이 없는 회사는 결국 망하게 된다.

관점을 달리해서 생각해 보면 세금을 납부해 버리면 남은 이익으로 재산을 축적할 수 있다. 이것을 '내부 유보'라고 한다. 내부 유보가 많아지면 투자 여력이 생긴다. 투자 여력이 높으면 '바로 이거야!' 라는 투자 대상이 생겼을 때 서슴없이 투자해서 라이벌 기업을 물리칠 수 있을지도 모른다. 내부 유보는 기업이 운명을 건 승부수를 띄워야 할 때 꼭 필요한 '숨겨둔 뭉칫돈'이라고도 할 수 있다. 이렇게 생각하면 의외로 기업의 성장은 '세금을 납부하는 것'에서부터 시작된다고 볼 수 있다.

세금을 아끼는 것은 무척 중요한 일이지만, 그것만을 파고들면 결국 더 큰 것을 잃게 된다. 납부해야 할 것을 납부하지 않으면 성장할 수 없다. 이것이 바로 세상의 이치인 것이다.

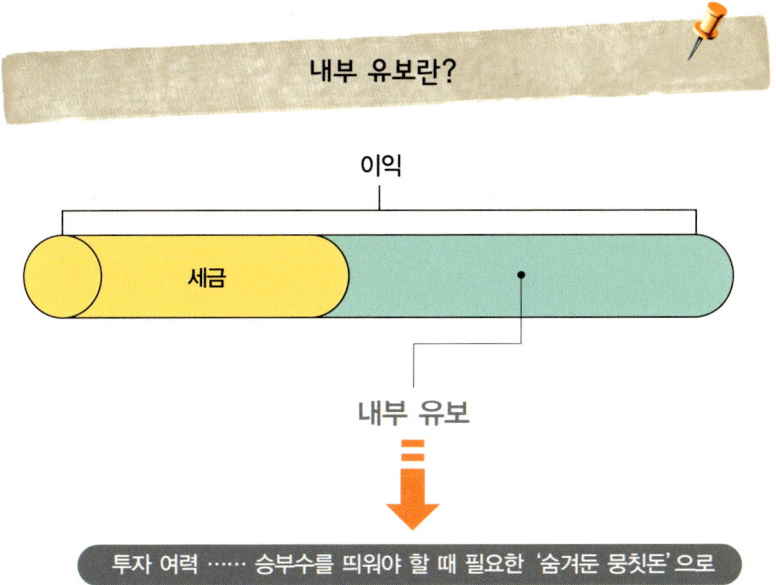

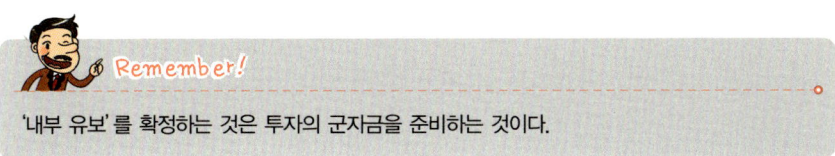

'내부 유보'를 확정하는 것은 투자의 군자금을 준비하는 것이다.

11. 자사 건물을 구입하면 회사의 가치가 올라간다?

◆ 가진 경영, 가지지 못한 경영의 선택 방법

어떤 기업이든지 처음에는 작은 규모에서부터 시작한다. 처음에는 작았던 회사가 점점 성공을 거두면서 그곳에 사람과 물건, 그리고 돈과 경영자원들이 모이기 시작한다. 또한 큰 발전을 이룩한 기업은 자사 건물을 소유하기도 한다. 창업자는 말할 필요도 없이 기업의 대표라면 사업이 어느 정도 성공하고 안정궤도에 오르면 자사 건물을 구입하고 싶어지는 법이다. 일반적으로 자사 건물을 소유하고 있는 회사는 왠지 더 신뢰가 가고, 굉장한 회사라는 인상을 받게 된다. 그렇다면 정말로 자사 건물을 소유하게 되면 회사의 가치가 올라가는 것일까?

자사 건물을 구입하면 회사의 재무에 어떤 영향을 미치는지에 대해 생각해 보자. 우선 자사 건물이기 때문에 임대료를 지불할 필요가 없어진다. 물론 자사 건물을 구입했기 때문에 현재 은행의 잔고는 줄어들게 된다. 잔고가 줄어들면 이자 또한 줄어든다. 또 건물을 소유하게 되면 비유동자산세와 같은 유지비용이 든다. 그리고 자사 건물은 감가상각비로서 몇 년간에 걸쳐 비용처리가 가능하다. 비용이 늘어나면 세금은 줄어든다. 좀 더 구체적으로 알아보자.

:: 자사 건물을 구입한 후 회사의 가치가 향상된 A사

A사는 매년 100만 원의 임대료를 지불하고 있다. 사업이 순조롭게 진행되고 현금도 점점 쌓여서 사장은 자사 건물을 구입하기로 결정했다. 건물의 가격은 토지세 400만 원에 건물세가 600만 원이었다. 거기에 20만 원의 유지비가 든다. 그렇다면 자사 건물을 구입한 후 A사의 회사의 가치는 올라갔을까?

A사의 경우 경비가 감소했기 때문에(임대료 100만 원에서 유지비+감가상각비 50만 원) 순이익이 66만 원에서 90만 원으로 증가했다. 또한 감가상각비 30만 원은 회사 밖으로 유출된 현금이 아니기 때문에 현금 흐름이 66만 원에서 120만 원으로 향상되었다. 이 정도면 회사의 가치가 향상되었다고 말할 수 있을 것이다.

현금으로 자사 건물을 구입한 A사

(단위: 만 원)

현금 흐름

순이익	66
현금 흐름	66

구입한 건물의 개요

가격
- 토지세   400
- 건물세   600
- 합　계 1000

유 지 비   20
감가상각비 30

A사의 손익계산서

매출		1,000
원가		700
매출총이익		300
임대료	100	
기타 경비	100	200
영업이익		100
수취이자		10
경상이익		110
법인세		44
순이익		66

건물 구입 후 A사의 손익계산서

매출		1,000
원가		700
매출 총이익		300
유지비	20	
감가상각비	30	
기타 경비	100	150
영업이익		150
수취이자		10
경상이익		150
법인세		60
순이익		90

건물 구입 후 현금 흐름

순이익	90
감가상각비	30
현금 흐름	120

> 자사 건물을 구입한 후 이익도 현금 흐름도 향상되었다.
> ➡ A사의 회사의 가치는 향상되었다.

∷ 자사 건물을 구입한 후 회사의 가치가 내려간 B사

한편 이를 보고 있던 라이벌 B사도 A사에게 질 수 없다며 자사 건물을 구입하기로 결정했다. 그러나 B사는 A사와 달리 현금을 보유하고 있지 않았다. 결국 B사는 은행에서 돈을 빌려 비슷한 조건의 건물을 구입했다. 돈을 빌려서 건물을 사게 되면 은행에 이자를 지불해야 한다. 게다가 빌린 돈은 갚지 않으면 안 된다. 이것이 바로 A사와 B사의 차이점인 것이다.

결과는 어떻게 되었을까? 비슷한 조건의 건물을 샀음에도 불구하고 B사의 이익은 줄어들었다. 또한 차입금을 변제하지 않으면 안 되었기 때문에 현금 흐름도 악화되었다. 즉, B사의 회사의 가치는 저하되었다고 할 수 있다.

건물을 구입한 후 A사의 회사의 가치는 향상된 반면, B사의 회사의 가치는 내려갔다. 결국 자사 건물의 구입으로 회사의 가치가 향상되는지 아닌지는 그 기업이 놓인 상황에 의해 달라진다고 할 수 있다. 그렇다면 그 차이는 어디에서 오는 것일까? 그 답은 A사와 B사의 재무 상태의 차이에 있다. A사는 잉여자금으로 건물을 구입한 반면, B사는 돈을 빌려 건물을 구입했기 때문이다.

∷ 투자수익률이 7%가 된 A사

보다 쉬운 이해를 위해 투자수익률로 비교해 보도록 하자. A사의 경우 1,000만 원의 예금에 대한 수취이자가 10만 원이었기 때문에 1%의 운용이익을 내고 있었다. 하지만 1,000만 원으로 자사 건물을 구입함으로써 이 이익을 잃게 되었다. 그 시점에서는 마이너스 1%의 수익률이 난 것이다. 그러나 자사 건물의 구입으로 100만 원의 임대료가 절약되었기 때문에 10%의 수익이 생겼다. 마지막으로 유지비로서 20만 원이 들어갔기 때문에 또다시 마이너스 2%의 수익률이 났다. 결국 A사는 자사 건물을 구입함으로써 −1%(이자 감소) +10%(임대료 절약) −2%(유지비 증가) =7%의 수익률을 얻게 된 것이다.

빌린 돈으로 자사 건물을 구입한 B사

(단위: 만 원)

B사의 손익계산서

매출		1,000
원가		700
매출총이익		300
임대료	100	
기타 경비	100	200
영업이익		100
수취이자		0
경상이익		100
법인세		40
순이익		**60**

건물 구입 후 B사의 손익계산서

매출		1,000
원가		700
매출 총이익		300
유지비	20	
감가상각비	30	
기타 경비	100	150
영업이익		150
지급이자*		60
경상이익		90
법인세		36
순이익		**54**

현금 흐름

순이익	60
현금 흐름	**60**

구입한 건물의 개요

가격	토지세	400
	건물세	600
	합계	1000
유지비		20
감가상각비		30

건물의 개요

매출	6%
변제기한	20년

건물 구입 후 현금 흐름

순이익	54
감가상각비	30
차입금 변제	−50
현금 흐름	**34**

지급이자(interest paid, 支給利子) 경영활동을 하다 보면 자기자본 이상으로 기업의 규모가 확대되는 경우가 허다하다. 이러한 경우에 그 부족한 자본을 외부로부터 조달하지 못할 때에는 그 사업은 계속할 수 없게 된다. 따라서 기업을 유지하기 위하여 타인으로부터 자금을 조달하게 되는데, 이때에 발생하는 타인자본의 자본비용을 지급이자라고 한다.

➡ 자사 건물을 구입한 후 이익도 현금 흐름도 감소하였다!
➡ B사의 회사의 가치는 저하되었다.

:: 투자수익률이 2%로 재무 내용이 악화된 B사

그렇다면 B사는 어떨까? B사는 원래부터 그다지 예금을 보유하고 있지 않았기 때문에 수취이자의 감소는 없었다. 자사 건물을 1,000만 원으로 구입함으로써 100만 원의 임대료가 절약되었다는 점과 유지비로 20만 원이 들어갔다는 점은 A사와 동일하다. 그러나 B사는 A사와 달리 은행에서 빌린 돈의 이자를 6%나 지불하지 않으면 안 되었다. 결국 B사는 자사 건물을 구입함으로써 10%(임대료 절약)−2%(유지비 증가)−6%(차입금 이자)=2%의 수익률을 얻게 되었다.

B사의 자사 건물 구입에 대한 투자는 수익률에서는 플러스가 되었지만, A사의 7%에 비교하면 매우 낮은 수준에 불과하다. 이것이 바로 회사의 가치를 저하시키는 요인이었던 것이다. 또한 B사는 차입금이 늘어남으로써 재무 상태가 악화되었다. 이로 인해 자금도 부족해져서 막상 투자를 해야 될 때 투자를 못하게 될 위험도 높아졌다.

즉, A사는 1%라는 낮은 수익률로 운용하고 있던 자산을 8%(10%−2%)로 끌어올렸으나, B사는 8%의 수익률을 내는 자산을 6%의 차입금으로 구입했다는 말이 된다.

참고로, 기업재무의 세계에서는 얼마를 투자해서 얼마의 이익을 얻을 수 있느냐는 지표를 ROA라고 부른다(→ p.196). 이 지표는 자산 효율을 측정하는 지표로서 자주 사용되고 있다.

A사와 B사의 투자수익률의 차이

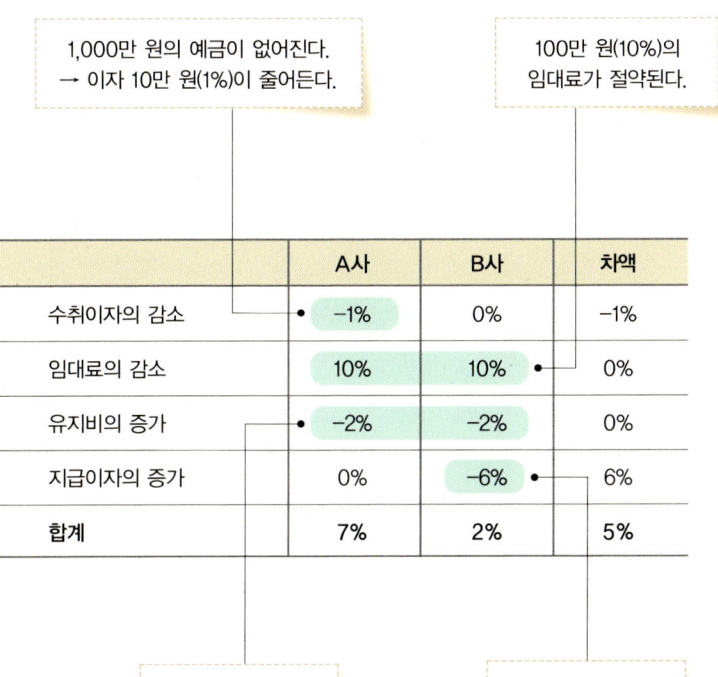

	A사	B사	차액
수취이자의 감소	-1%	0%	-1%
임대료의 감소	10%	10%	0%
유지비의 증가	-2%	-2%	0%
지급이자의 증가	0%	-6%	6%
합계	7%	2%	5%

1,000만 원의 예금이 없어진다.
→ 이자 10만 원(1%)이 줄어든다.

100만 원(10%)의 임대료가 절약된다.

유지비가 20만 원(2%) 든다.

차입금에 대한 이자가 든다.

 Remember!

- 자사 건물과 회사의 가치와의 관계는 상황에 따라 달라진다.
- 투자수익률을 참고로 냉정한 판단이 필요하다.

12 자사 주식의 매입이 회사의 가치를 높여 준다는 것은 사실일까?

⇢ 1주당 이익과 ROE를 이해하자.

∷ 자사 주식의 구입이 '주주 환원'이 되는 이유

　주주를 중요하게 생각하는 회사가 늘고 있다. 또한 주주 환원책으로 배당을 늘리거나 자사의 주식을 구입하는 기업이 꽤 많아지고 있다. 당연히 배당이 늘어나면 늘어날수록 주주에게는 이익이 된다. 그러나 자사 주식의 구입이 주주 환원이 된다는 것은 무슨 의미일까?

　자사 주식의 구입이란 기업이 발행한 주식을 스스로 사들이는 행위를 말한다. 기업은 돈이 필요할 때에 주식을 발행해서 자금을 조달한다. 그러나 사업이 성공하고 안정기에 접어들면 이번에는 오히려 돈이 남게 된다. 여윳돈이 있다고 해서 무리하게 투자를 하면 오히려 수익률을 떨어뜨릴 수도 있다. 따라서 그 여유 자금으로 자사 주식을 구입하는 것이다. 그렇다면 이 주식이 주주 환원이 되는 원리에 대해서 생각해 보자.

　예를 들어, 주주가 10명인 회사가 1,000만 원의 이익을 창출했다고 하자(편의상 1인당 1주씩 소유하고 있다고 한다.). 회사의 이익은 주주의 것이기 때문에 이 회사의 경우, 주주 1인당 100만 원의 이익을 낸 셈이다. 하지만 만약 이 회사가 자사 주식 2주를 사들여 주주가 8명이 되었다면 1인당 이익은 125만 원(1,000만 원÷8명)으로 늘어나게 될 것이다. 주주에게 있어서는 매우 좋은 일일 것이다. 그리고 왠지 회사의 가치 또한 높아진 것 같은 기분이 든다.

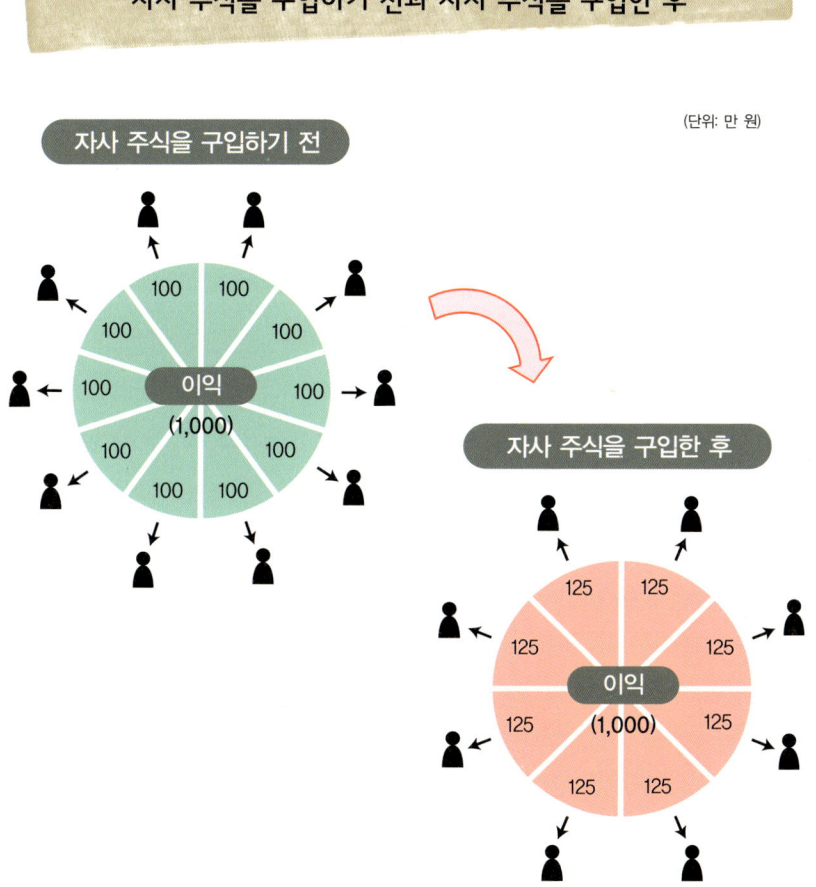

:: 여유 자금으로 자사 주식을 구입한다는 말의 의미

주주에게 있어서는 매우 바람직한 이야기이지만, 주주 중에는 '뭐야, 자사 주식 구매라더니 단지 이익의 분배법이 달라진 것뿐이잖아.' 라고 생각하는 사람도 있을 것이다. 그렇다. 정확한 지적이다. 주식수가 줄든 줄지 않든 이로 인해 회사의 본질적인 이익을 높이는 힘이 향상되지는 않는다. 다시 말해 기업이 자사 주식을 구입하더라도 회사의 가치가 증가되지는 않는다.

'그럼 왜 자사 주식을 사들이는 거야?' 라는 의문이 생길 것이다. 자사 주식을 구입한 후에도 주주가 계속해서 주식을 소유하고 있다면 이익의 분배가 늘게 되고 이로 인해 자산 가치(1주당 주식가치)가 증가하는 것이다. 바로 이런 비밀이 숨어 있었기 때문에 자사 주식의 구매가 주주 환원이 되는 것이다.

자사 주식의 구입이 회사의 가치를 향상시키는 것은 아니라고 하면 왠지 손해 보는 듯한 기분이 들지만, 사실 이것에는 매우 중요한 의미가 숨겨져 있다.

바로 자사 주식을 구입하면 하향 산업의 기업이라도 주가를 올릴 수 있다는 의미가 되기 때문이다. 기업이 성숙기에 접어들면 경쟁 상대가 줄어들고 채산성이 개선되는 동안에 설비투자의 기회도 줄어든다. 그렇게 되면 회사에는 돈이 남아돌게 된다. 이런 잉여자금으로 자사 주식을 사들이면 1주당 가치를 높일 수 있다.

만일 경영자의 역할이 회사의 가치를 향상시키는 일이라고 한다면 하향 산업의 경영자는 모두 해고당하고 말 것이다. 전 세계의 모든 산업이 성장 산업일 수는 없기 때문이다.

자사 주식의 구입 의미

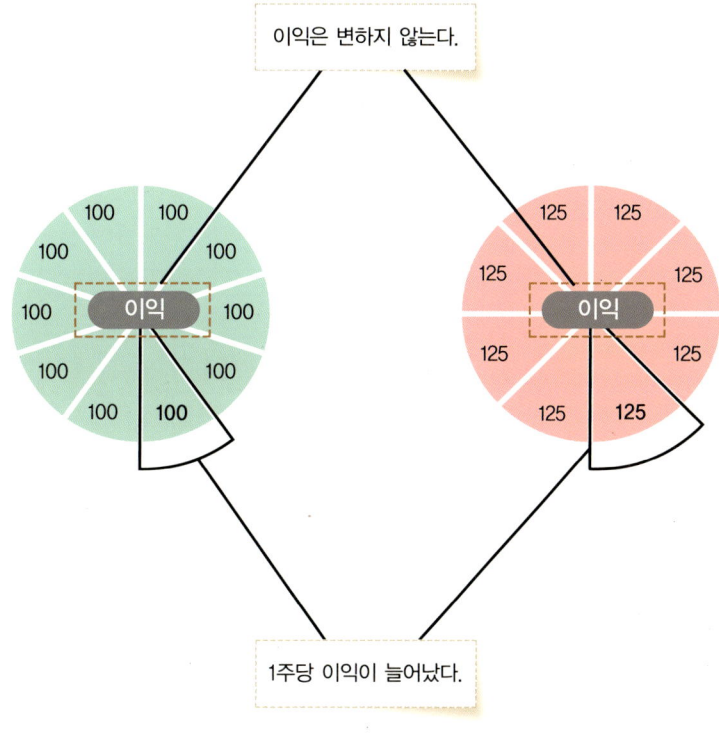

(단위: 만 원)

자사 주식을 구입하기 전 | 자사 주식을 구입한 후

이익은 변하지 않는다.

1주당 이익이 늘어났다.

'자사 주식의 구입'은

× 회사의 가치를 향상시킨다.
○ 1주당 주식가치를 향상시킨다.

:: 자사 주식의 구입과 ROE(자기자본이익률)와의 관계

여기에서는 자사 주식의 구입을 재무적인 면에서 생각해 보도록 하자. 재무상으로 자사 주식의 구입이란 '자본금의 환급'이기 때문에 자사 주식을 구입하게 되면 자본은 줄어들게 된다. 자본이 줄어들면 재무 상태는 나빠진다. 그러나 자본이 줄어든다고 해서 이익이 줄어드는 것은 아니다. 바로 이것이 중요한 포인트이다. 자본이 줄어들어도 이익이 줄어들지 않으면 주식에 대한 투자 수익률은 좋다고 할 수 있다.

이 수익률이 바로 우리가 종종 접하는 ROE(return on equity, 자기자본이익률)라고 불리는 지표이다. 이 지표는 자기자본에 대해 몇 퍼센트의 수익률을 냈는지를 나타내 주는 수치이다. 자사 주식을 사면 ROE가 향상되기 때문에 주식의 가치는 상승되고, 주주에게는 이익을 가져다 준다. 기업의 경영자가 ROE를 높이는 것을 경영지표로서 중시하는 것은 바로 이런 이유 때문이다.

단, 주의해야 할 것이 있다. 자사 주식의 구입으로 자기자본이 줄어들면 ROE가 향상된다고 해서 자사 주식을 마구잡이로 구입해서는 안 된다는 점이다. 자기자본을 극단적으로 줄여 버리면 부채에 의지한 경영이 되어 버리기 때문에 경영의 안정도가 저하된다. ROE를 끌어올리기 위해서는 분자(分子)에 해당하는 이익을 향상시키는 방법과 분모(分母)에 해당하는 자기자본을 줄이는 두 가지 방법이 있다. 성장 산업의 경영자들은 이익을 늘리는 방향으로, 잉여자금을 가지고 있는 성숙 산업의 경영자들은 자기자본을 줄이는 방향으로 ROE의 향상을 도모하는 것이 바람직할 것이다.

재무상으로 본 '자사 주식의 구입'

(단위: 만 원)

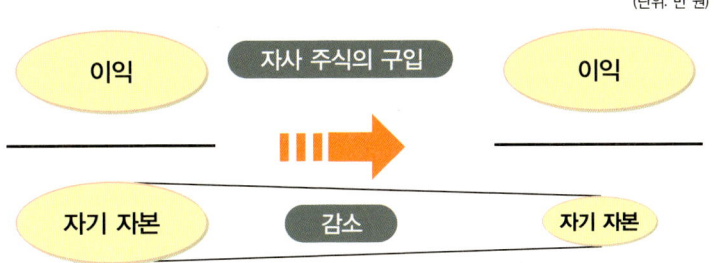

성숙 산업으로 잉여자금을 가지고 있는 기업이라면 자기자본을 줄임으로써 ROE를 향상시킬 수 있다.

제5장 _ '회사의 가치'는 어떻게 결정되는가? · 233

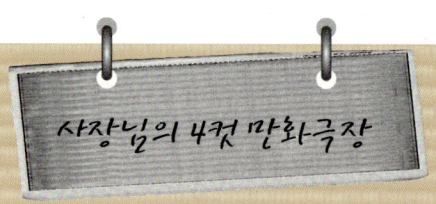

■ 팔릴 것 같지 않은 상품은 어쩔 수 없이 처분해야 한다? (3-11) ➡ p.112

제  6 장

창업을 하거나 회계 공부를 하려는
모든 분들께 도움 되는 지식

제6장에서는 실제로 '회사를 경영하고 싶다!'라고 생각하는 분, '회계를 조금 더 공부해 보고 싶다!'라고 생각하는 분들께 도움이 될 만한 지식을 소개해 볼까 한다. 회사를 처음 시작했을 때는 어쨌든 자금이 부족해지는 법! 간단하지만 알아두면 손해 볼 것은 없다!

01 회사를 설립하면 무엇이 좋은가?

⋯▸ 세금에 대한 이익보다 더 큰 이점은 신용?

∷ 법인이 좋은 이유는 구체적으로 무엇인가?

법인 변경이라는 말을 들어본 적이 있는가? 법인 변경이란 법인(➔ p.12)을 설립하여 개인사업주에게 그 권리 주체를 이전하는 것을 말한다. 개인사업자(회사가 아닌 사업주를 말한다)의 경우 법인 변경을 할 것인지 말 것인지에 대해 고민하는 경우가 있을지도 모르겠다.

법인이 되면 법인세가 적용된다(➔ p.122). 회사란 법원에 등기되어야 비로소 사회에서 인정받게 된다. 개인이 아닌 회사이기 때문에 가장 좋은 점은 바로 신용이 올라간다는 것이다.

개인사업주의 경우 사업주가 갑자기 '그만두겠습니다.' 라고 말할지도 모른다. 사업주가 병에 걸리거나 사업주에게 피치 못할 사정이 생겼을 경우에는 어쩌면 거래를 유지할 수 없게 될 수도 있다. 하지만 법인의 경우에는 다른 사람을 고용할 때도 유리하고, 회사가 장기간 유지될 것이라고 생각하게 만드는 효과 또한 얻을 수 있다. 거래처로부터 '법인이 아닌 당신과는 거래할 수 없어요!' 라는 말을 들었다는 소리를 종종 접하기도 한다. 바로 이것이 신용의 차이 때문인 것이다.

　법인이 되면 세금의 납부에서도 이익을 얻을 수 있지만, 그보다 더욱 중요한 것은 사회적으로 지위가 향상되는 것이라고 생각한다. 깔끔한 차림을 한 사람에게 더욱 신뢰를 느끼는 것처럼 장사 또한 그 그릇이 매우 중요하다고 하겠다.

Remember!
회사를 설립하면 개인일 때보다도 '신용도'가 올라간다.

02 자본금은 얼마가 적당한가?

⋯⋙ 100원만 있어도 상관없다고 하지만 …….

∷ 자본금은 회사를 설립할 때의 '운전자금'이다.

2009년 개정된 상법에 의해, 지금까지 5,000만 원 이하로는 주식회사를 설립할 수 없었던 최저자본금 규제가 철폐되었다. 이에 따라 최저자본금제도를 적용받지 않는 주식회사의 설립이 가능해졌다. 즉, 자본금이 100원만 있어도 회사를 설립할 수 있게 된 것이다(단, 업종에 따라서는 관련 법령에 의해 최저자본금 제도가 규정되어 있는 경우도 있다.).

회사의 자본금은 설립할 때의 운전자금이 된다. 회사를 설립하기 위한 설립비용이나 창업 준비자금도 이 자본금 안에서 준비하게 된다. 따라서 어느 정도의 자본금도 없이 회사를 설립하게 되면 곧바로 어딘가에서 또다시 자금 조달(➜ p.30)을 받지 않으면 안 된다. 또한 어느 정도의 설비자금도 자본금으로 미리 준비해 두어야 한다.

회사 설립 시 운전자금은 어느 정도 필요한가?

 Remember!

자본금은 제도적으로는 100원만 있어도 상관없지만, 실제로는 어느 정도의 금액을 준비해 놓아야 한다.

∷ '자본금'이 많으면 왜 좋을까?

일부 정부계 금융기관 등은 창업자들에게 자금 지원을 해 주기 위해 힘을 쓰고 있지만, 무조건적인 것이 아니라 '그 회사가 자본금으로 조달한 금액과 같은 정도의 금액을 융자하는 것을 조건으로 한다.' 라는 기준을 세우고 있는 듯하다.

빌린 돈만으로 창업할 수 있다면 창업하려고 하는 사람은 아마 넘쳐날 것이다. 어느 정도의 저축(자신의 재산)을 자본금으로 출자하고 친척이나 아는 사람들로부터 지원을 받을 때, 경영자에게 없어서는 안 될 '신용'이 갖추어져 있다고 인정받게 되는 것 같다.

법무사(法務士)
다른 사람의 요청으로 법원이나 검찰청 등 법률기관이나 법률과 관련된 서류를 대리 작성해 주는 사람을 법무사라고 한다. 법무사는 같은 문제에 얽혀 있는 양쪽 당사자 중 한쪽의 일만 해야 하고 소송 등에도 관여할 수 없다.

구체적으로 얼마의 자본금이 필요한가는 업종에 따라 다르므로 한마디로 말할 수는 없지만, 창업하는 회사의 고용 **법무사***였던 내 입장에서 이야기해 보도록 하겠다.

서비스업이나 건설업 등은 비교적 적은 자본금으로 시작할 수 있을 것이며, 제조업이나 요식업 등과 같이 비싼 설비투자가 필요한 업종이라면 그에 맞는 설비자금을 자본금으로 출자해야 한다.

참고로, 회사의 설립비용은 주식회사의 경우 자본금 1억 원 규모 기준으로 공과금과 대행수수료를 포함하여 210만~230만 원 정도가 최근 추세이다(세금 등의 비용 포함).

'자본금'이 차입금의 기준이 되는 경우도 있다.

 Remember!

'자본금이 있다. = 저축한 돈이 있거나 주변에 도움을 주는 사람이 있다.' 이것은 금융기관의 '신용'으로 이어진다.

03 회사 임원은 어떻게 구성하나?

⋯▸ 1명으로도 구성할 수 있게 임원 구성에 유연성이 생겼다.

∷ 회사의 임원 구성에 대해 이해하자.

　회사를 설립하게 되었다면 다음은 임원 구성을 어떻게 할지에 대해 생각해 봐야 한다.

　법인의 이사의 임기 만료는 취임일로부터 3년이다. 임기 만료 후 이사의 변경 없이 중임을 하기 위해서는 임시주주총회를 개최하여 기존 이사의 중임을 결의하고, 임시주주총회 회의록을 인증받아 관할 등기소에 변경 등기 신청을 하면 된다.

　또한 대표이사의 임기도 3년이므로 이사회를 개최하여 같은 형식으로 변경 등기를 해야 한다. 임원 변경 사유 발생일로부터 2주 이내에 관할 등기소에 등기 신청을 하지 않으면 과태료 부과 대상이 되므로 주의해야 한다. 단, 임원의 구성을 변경할 가능성이 높은 회사의 경우에는 임기를 무조건 길게 하는 것보다 적정한 시기를 설계하는 편이 좋겠다.

　또한 우리나라는 상장회사에 한하여 사외이사를 의무적으로 두도록 하였다. 사외이사란 회사의 경영을 직접 담당하는 이사 이외에 외부의 전문가들을 이사회 구성원으로 선임하는 제도이다.

이 밖에도 현재 추진을 계획하고 있는 것이 일본에서 시행하고 있는 회계 참여 제도인데, 이는 회사의 임원 이사들과 공동으로 재무제표를 작성하는 회계 전문가를 말한다.

아무튼 법인으로 회사를 창업할 경우 회사의 법정 구성원을 어떻게 설계할 것인가는 전문가의 의견을 참고해서 신중하게 결정하여야 한다.

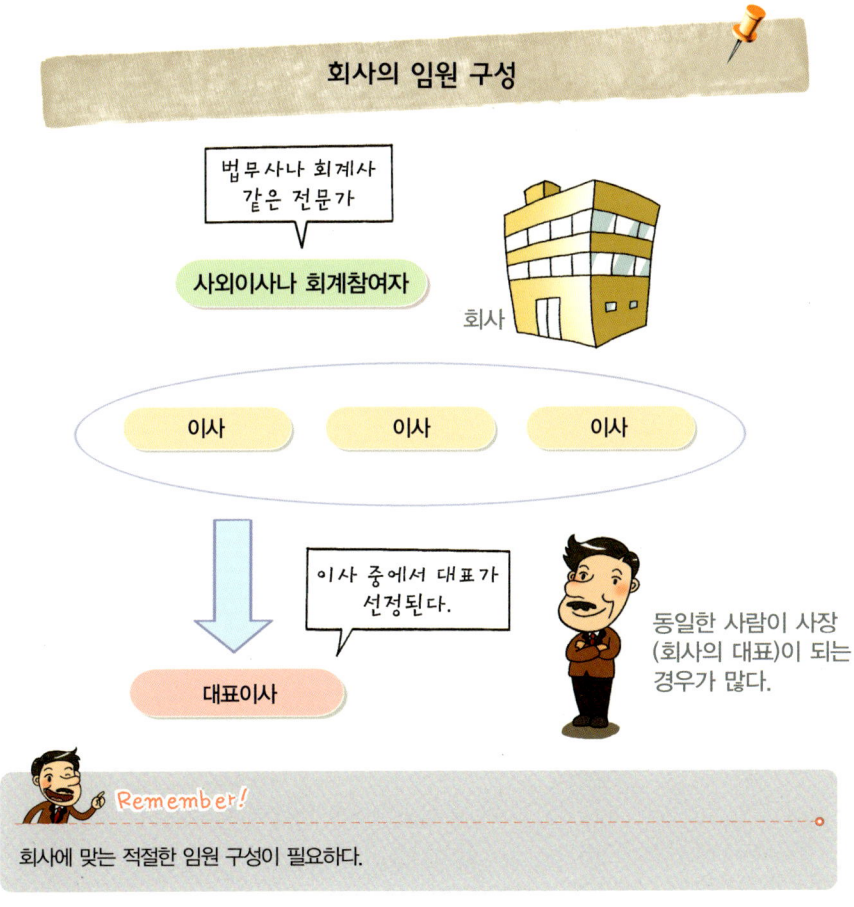

Remember!
회사에 맞는 적절한 임원 구성이 필요하다.

04 법인회사 설립은 어떻게 하는가?

···▸ 잊어버리면 커다란 손해를 입을 수도 있다.

∷ 주식회사의 설립 절차를 알아보자.

2009년 개정된 상법에서 최저자본금 규정(5천만 원 이상)이 삭제되었다. 따라서 5천만 원 미만으로 자유롭게 회사를 설립할 수 있으며, 회사 설립에 뜻을 같이하는 사람으로서 발기인은 1인이어도 무방하다. 발기인의 자격에는 특별한 제한이 없으므로 내국인은 물론 외국인이나 법인도 가능하며, 미성년자도 법정 대리인의 동의가 있으면 발기인이 될 수 있다.

주식회사의 설립 절차를 크게 구분하면 3단계로 나눌 수 있다.

① 회사의 조직과 활동에 관한 기본 규칙인 정관의 작성 단계

정관은 회사 설립 시에 발기인이 작성하여 전원 기명날인(서명)하여야 하며, 작성된 정관은 공증인의 인증을 받아야 효력이 발생한다. 정관에 포함할 사항은 왼쪽과 같다.

정관의 기재사항
- 사업 목적
- 상호(동일 지역 내 동일 상호 등록 금지
  - 대법원 인터넷등기소에서 검색)
- 회사가 발행할 주식의 총수 및 1주의 금액
- 회사 설립 시 발행주식의 총수
- 본점의 소재지
- 회사의 공고 방법
- 발기인의 성명과 주소, 주민등록번호

② 주주 확정, 자본 모집, 회사 기구 등 회사의 실체를 형성하는 단계
- **주식 발행:** 정관에서 정하지 않은 주식 발행과 관련하여 특별히 규정되어 있지 않은 경우에는 발기인 전원의 동의로 주식의 종류와 수 그리고 액면 이상으로 발행하는 경우에는 그 수와 금액을 정한다.
- **발기인의 주식 인수:** 발기인은 회사 설립 시에 발행하는 주식 중 최소 1주 이상의 주식을 서면으로 인수해야 한다.
- **주주의 모집·청약·배정:** 발기인이 인수하고 남은 주식에 대하여 주주를 모집한다. 주식 청약은 1주 이상이면 되고 인수하는 주식도 1주 이상이면 된다.

  주식의 청약금은 은행에 납입하고 은행에서는 설립 등기가 완료될 때까지 주금을 보관하게 되며, 「주금 납입보관증명서」를 발기인에게 교부한다. 주금 납입이 끝나면 회사는 주주의 성명, 주소, 주민등록번호, 인수주식 수, 취득연월일 등이 기재된 「주주명부」를 작성해 놓아야 한다.
- **창립총회 개최:** 주금 납입이 완료되면 상법상 창립총회 2주 전에 주주에게 서면으로 창립총회를 통지하여야 한다. 창립총회에서는 회사 창립에 대한 사항을 보고하고 정관을 승인하며, 이사와 감사를 선임하고, 창립총회 의사록을 작성하여 이사 전원이 서명날인한 후 공증인의 인증을 받는다.
- **이사회 개최:** 이어서 이사회를 개최하여 대표이사를 선임한다.

③ 회사가 법인격을 부여받기 위한 설립 등기 단계

- **등록세 · 지방교육세 납부 및 채권 매입:** 법인 설립 절차가 완료되면 본점 소재지 관할 시 · 군 · 구에 등록세(자본금의 0.4%. 단, 수도권 지역의 경우 3배 중과) 및 지방교육세(등록세의 20%)를 납부하고, 자본금의 0.1%에 해당하는 지하철공채(또는 국민주택공채)를 매입하여야 한다.
- **설립 등기:** 주식회사는 최종적으로 설립 등기에 의하여 성립하고 법인격을 취득하게 되는데, 창립총회 종료일로부터 2주 이내에 본점 소재지 관할 법원(또는 상업등기소)에 설립 등기를 신청하여야 한다.

  설립 등기 신청서에는 이사 전원이 기명날인하여야 하며, 법인 설립 절차가 관계 법령에 따라 적법하게 이루어졌음을 증명하는 아래의 서류를 첨부하여야 한다.

법인 설립 등기 시의 구비서류 14가지

- 정관
- 주식청약서
- 소기업확인서(자본금이 5천만 원 미만인 경우)
- 기간단축동의서
- 이사회 의사록
- 주민등록등본
- 위임장(대표이사 이외의 자가 신청하는 경우)
- 등록세 · 지방교육세 영수증, 채권 매입증명서
- 주식 인수증
- 주금 납입보관증명서
- 창립사항보고서
- 창립총회 의사록
- 이사, 감사, 대표이사의 취임승낙서
- 인감증명서 및 인감신고서

이상의 절차로 법인 설립은 종결된다.

법인 설립 절차

① 회사 설립에 뜻을 같이하는 사람이 모여서 **발기인 구성**

② 회사의 사업 목적, 상호, 발행 주식수, 1주의 금액, 소재지, 발기인 인적사항 등 회사의 조직과 활동에 관한 기본 규칙 **정관 작성**

③ **발기인의 주식 인수**

④ **주주 모집 및 청약·배정**

⑤ 발기인이 인수한 주식과 청약인에게 배정한 주식에 대하여 금융기관에 주금을 납입시킨 후 **출자의 이행**

⑥ 주식 인수인으로 구성되는 **창립총회**를 열어서 정관을 승인

⑦ **이사회**를 개최하여 대표이사 선임

⑧ 본점 소재지 관할 법원 또는 상업 등기소에 **법인 설립 등기**

칼럼 Column

● 법무사에 법인 등기 의뢰하기 ●

　법인 설립 업무는 그 절차가 복잡하고 법령이 요구하는 여러 가지 문서를 작성하여야 하므로 창업자 본인이 직접 처리하기에는 어려움이 많다. 따라서 법무사 사무실에 법인 설립 업무를 대행하여 주도록 의뢰하는 것이 시간과 비용을 절약할 수 있다. 법무사에게 법인설립 대행을 의뢰하면 법무사 사무실에서는 정관 작성에서부터 창립총회 의사록 작성, 설립 등기까지 모든 절차를 대행하여 준다. 이때 필요한 다음의 구비서류를 준비하여야 한다.

- 상호
- 자본금 규모 및 1주의 금액
- 발기인 및 청약인의 인수 주식수
- 대표이사·이사·감사의 주민등록등본, 인감증명서(대표이사 각 4통, 나머지 각 2통), 인감도장
- 사업장 임대차 계약서(또는 주소)
- 회사의 사업 목적
- 소기업확인서(자본금 5천만 원 미만인 경우)

☞ 상호는 유사상호가 있으면 등기가 불가능하므로 3~4개를 미리 준비하는 것이 좋다.

05 자택도 경비로 처리할 수 있을까?

⋯▶ 회사를 설립할 때는 절세 또한 중요하다.

:: 처음 설립할 때는 작게 시작하는 편이 좋다.

자사 건물과 임대 중 어느 쪽이 이익인지에 대해서는 앞에서 이야기하였다 (➡ p.108). 이제 막 사업을 시작한 회사의 경우에는 종종 자신의 집(자택)을 회사로 사용하기도 한다. 그렇다면 회사로 사용하고 있는 자택의 경우 경비(손금)로 처리될 수 있을까? 그 답은 '가능하다!' 이다. 당연히 회사의 운영을 위해 사용하고 있기 때문에 그 부분에 대해서는 전체 집세, 수도세 및 전기세, 전화비 등을 적절히 나눠서 회사의 경비(손금)로 산입시킬 수 있다.

단, 자기소유의 집일 경우 개인이 회사로부터 집세를 받게 되면 부동산 소득이 생기게 되므로 개인의 세금이 늘어나게 된다. 확정신고 또한 필요하다. 만약 사택으로 임대를 한 경우에는 임원의 경우 규정상 50% 이상을 개인이 부담하지 않으면 안 되고, 호화로운 사택을 빌릴 경우에는 일정한 제한이 따르기도 한다.

허위 또는 기타 부정한 행위에 의한 탈세는 절대로 해서는 안 되는 범죄행위이다. 탈세는 적법한 절세와 구별되는데, 적법한 방법을 통해 세금을 아끼는 것은 매우 중요한 일이다. 전문가에게 적절한 지도를 받아서 경비에 넣을 수 있는 것은 빠뜨리지 말고 계상해 비용을 절감할 수 있도록 하자.

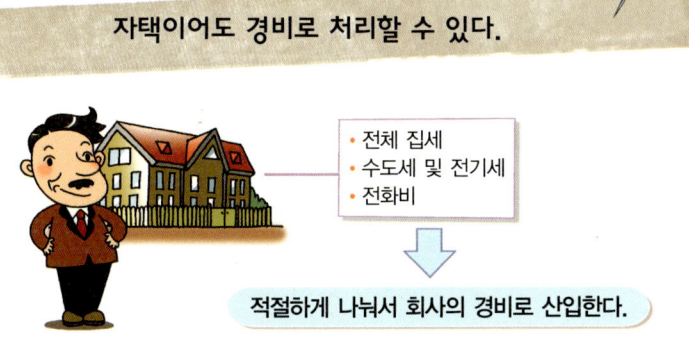

개인기업과 법인기업의 비교

구분	장 점	단 점
개인기업	• 소자본으로 창업이 가능하며 설립 절차가 간단하여 기업설립이 용이하다. • 회사 자금을 사장이 개인적인 용도로 사용하는 것이 가능하며, 기업 이윤 전부가 기업주에게 귀속된다. • 기업활동상의 의사 결정과 집행 등이 자유롭고 신속히 이루어진다. • 개인기업은 긴밀한 인적 조직체로서 경영 방침, 제조 방법, 판매 정책, 자금 운용상의 비밀 유지가 가능하다.	• 투자 규모가 클 경우 자금 조달 능력에 한계가 있다. • 기업주가 기업 경영상 발생한 채무에 대하여 전액 부담해야 할 무한책임이 있다. • 기업주의 교체는 기존의 개인기업을 폐업하고 또 다른 신규사업자등록증을 발급받아야 하므로 법인기업과 달리 영속성이 결여된다. • 기업 규모가 커지면 기업주가 기업 전반에 걸쳐 통제하기가 어려워 경영 능력의 한계가 생긴다.
법인기업	• 자본 조달이 용이하고 설립 후에도 일반 대중으로부터 자금을 모을 수 있다. • 법인기업의 주주는 출자금액을 한도로만 책임을 지고 개인재산을 처분하여 기업의 채무를 변제할 의무가 없다. • 법인에 대한 공신력이 높아 영업활동, 은행 이용, 직원 채용 등에 유리하다. • 주식의 양도가 가능하며 주식의 매입이나 매각에 의해 출자액의 증감이 가능하다. 소유와 경영의 분리가 가능하며 전문경영인에 의한 경영이 가능하다. • 증권거래소 상장 등 기업의 대중화 및 거대화가 가능하다. • 세금 부담 면에서 일정 규모 이상의 경우 개인기업보다 유리하다.	• 법인 설립을 위한 법적 절차가 복잡하고 회사를 청산하는 데도 별도의 절차가 필요하다. • 법인기업은 기업 이윤이 주주의 출자 지분에 따라 배당되므로 최대 주주의 이윤이 감소한다. • 주주 상호간 이해관계 대립 시 마찰의 소지가 있다. • 법인기업의 자금을 개인적인 용도로 사용하면 개인이 회사에게 이자를 지급해야 하고, 회사가 금융기간에 지급한 이자가 일정 부분 손금으로 인정되지 않는 등의 불이익이 따른다. • 매출 누락이나 가공경비 계상 시 차후에 개인기업에 비하여 많은 세금이 부과된다. • 기타 상법, 세법에 의하여 기업 운영상 많은 제약 또는 의무를 부담하여야 한다.

06 개인기업에서 법인으로 전환할 때 세금을 면제받는 비밀

⋯❖ 법인으로 전환 시 어떤 세금을 면제받을 수 있을까?

∷ 법인 전환 시 세법상의 특혜

개인기업을 법인으로 전환하게 되면 개인기업에서 사용하던 부동산이나 설비나 비품 등을 법인 명의로 이전해야 한다. 그런데 개인과 법인은 실체가 다르므로 설비나 비품 등을 개인에서 법인으로 이전하게 되면 이에 대하여도 세금을 내야 한다.

즉, 부동산을 이전하는 데는 양도소득세를, 시설 설비 등의 기계장치를 이전하는 데 대하여는 부가가치세를 납부해야 한다. 하지만 세법 규정을 잘 이용하면 세금을 내지 않고 자산을 이전할 수가 있다.

① 부가가치세 면제

사업용 자산을 비롯한 물적·인적 시설 및 권리, 의무 등을 포괄적으로 양도하여 사업의 동일성을 유지하면서 경영 주체만을 교체시키는 '사업 양도·양수 방법'에 의해 개인기업의 자산을 법인으로 이전하는 경우에는 재화의 공급으로 보지 않는다. 즉, 사업 양도·양수 방법에 의해 법인으로 전환하는 경우에는 부가가치세를 과세하지 않는다.

② 양도소득세 면제

개인기업을 법인으로 전환함에 따라 사업용 유형자산을 법인 명의로 이전하는 경우에는 이전 시점에서 양도소득세를 과세하지 않고 이월과세를 한다.

여기서 이월과세란 현물출자나 사업 양도·양수 방법에 의해 개인기업을 법인으로 전환하면서 사업용 비유동자산을 법인 명의로 이전하는 경우, 이전 시점에서는 양도소득세를 과세하지 않고, 이를 넘겨받은 법인이 나중에 당해 자산을 처분할 때 법인세로 내도록 한다. 단, 양도자 개인이 종전 사업용 유형자산 등을 법인에게 양도한 날을 포함한 과세기간에 다른 양도자산이 없다고 판단된 경우로, 계산한 양도소득세 산출세액 상당액을 법인세로 납부하는 것을 말한다.

③ 등록세 및 취득세 면제

개인기업을 법인으로 전환 시 **현물출자*** 또는 사업 양도·양수에 따라 취득하는 사업용 재산에 대하여는 지방세인 등록세와 취득세도 면제된다.

현물출자
토지·건물과 같은 부동산, 유가증권·상품 등의 동산, 그 밖에 특허권·지상권 등의 무형자산인 금전 이외의 재산을 목적으로 하는 출자를 말하며, 회사가 사업을 경영하기 위하여 특정한 재산을 필요로 하는 경우에 금전출자에 대한 예외로서 인정된다.

07 생명보험으로 세금을 절약할 수 있을까?

…▸ 생명보험으로 노릴 수 있는 여러 가지 효과

∷ 법인으로 가입해도 이로운 생명보험

생명보험으로 세금을 절약할 수 있다는 이야기를 들어본 적이 있을 거라 생각한다. 실제로도 그럴까?

예를 들어, 보험료를 경비로 처리하면 법인세가 그만큼 싸진다. 그리고 그 보험에 만기환급금이나 해약환급금이 있다면 보험을 해약할 때까지 세금 납부를 연장시킬 수 있다. 이는 곧 장부 외 자산을 늘리는 효과를 얻게 되는 것이다.

생명보험은 사원의 퇴직금 적립이나 경영자의 퇴직금 적립을 위한 목적 이외에도 대표자에게 만일의 일이 생겼을 경우 빚을 남기지 않도록 하기 위해서도 사용할 수 있다. 생명보험이란 개인이 배우자나 자식들을 위해 가입하는 것이라고 생각하기 쉽지만, 법인 명의로 가입하더라도 여러 가지 효과를 얻을 수 있다. 즉, 생명보험은 세금을 절약하기 위해서도, 회사의 위험을 줄이기 위해서도 사용할 수 있는 좋은 상품이라고 하겠다.

:: 세무상의 조건과 법률 변경에 주의하라.

단, 주의해야 할 것은 세무상의 조건과 법률의 변경이다. 지금까지 법인세법상으로는 손금으로 인정되었던 것이 손금에 산입되지 못하거나, 일정한 조건을 충족시키지 못해 손금으로 산입되지 못하는 경우가 발생할 수 있으며, 사원의 소득으로 인정되어 급여과세를 징수당하는 경우 등으로 인해 손금 산입이 되지 않는 경우도 있다. 그러므로 회사에서 생명보험에 가입할 때에는 전문가의 설명을 잘 듣고 조건을 확인한 후 가입하기를 권한다.

가족에게 상속세가 징수될 만큼의 재력을 가진 자산가에게도 생명보험을 활용한 절세대책이 존재한다. 그리고 일반적인 생명보험 외에 개인연금에 가입하면 생명보험료 공제에 의해 세금을 절약할 수도 있다. 이런 절세 방법을 잘 활용해서 자산을 늘려 나가는 것이야말로 장래를 위한 자산 운용의 성공 키워드가 될 것이다.

생명보험은 세금 절약 이외에도 여러 가지 효과가 있다.

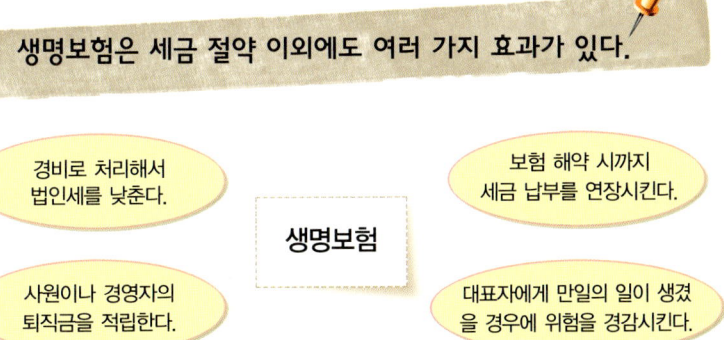

생명보험은 회사로서도 개인으로서도 절세 효과를 얻을 수 있지만, 조건이 바뀔 수도 있으므로 주의한다.

08 작은 회사에서도 '예산 편성'이 중요한 이유

⇢ 회사의 '목표'와 '실적'을 비교하자.

:: 예산은 경영 관리나 인재 평가를 할 때에도 필요하다.

일반적으로 예산이란 매출액이나 매출을 높이기 위해 사용되는 경비의 목표를 제시한 것을 말한다. 대기업의 경우에는 예산을 편성하는 것이 당연하다고 여겨진다.

그러나 예산과 실적을 매월 비교하는 중소기업의 경우 예산을 편성하고 있는 곳은 전체 중소기업의 10%도 되지 않을 것 같다. 왜냐하면 중소기업의 경우 한 명의 사원이 경영뿐만 아니라 경리, 재무, 영업, 인사 등을 한꺼번에 담당해야 하는 경우가 많아 예산 따위를 편성할 만한 시간적인 여유가 없는 곳이 많기 때문이다. 또 인원이 된다고 해도 대기업처럼 체계적인 시스템으로 경영이 이루어지는 경우가 드물기 때문이다. 이처럼 예산을 편성하지 않고 경영을 하는 상태는 나침반 없는 배로 항해를 하는 상태, 목적지 없이 여행을 하는 상태와 다를 바 없다. 사원들은 어디를 향해 가고 있는지도 모른 채 배를 타고 있는 것이다.

국가나 지방공공단체는 반드시 예산을 편성하고, 그에 근거해서 지출해야 한다. 국가나 지방공공단체의 활동들은 대부분 세금을 사용하여 진행되기 때문에 국민은 반드시 세금이 국익을 위해서 사용되고 있는지를 점검해야 한다.

대기업의 경우 회사 전체에서 시작해서 부서단위, 개인단위 등 여러 가지 방법으로 예산을 편성하고 있다. 대기업은 사회적으로 책임이 막중하며 이익을 내서 배당함으로써 주주에게 환원하고 있다. 또한 사원의 생계를 책임지고 있다는 책임감과 사원의 성과급 파악을 위해서 예산을 편성하는 것이 일반화되어 있다.

예산이란 기업활동의 지표가 되는 것이다. 우선 예산을 편성하면 그 예산을 달성했는지 달성하지 못했는지, 또는 그것을 달성할 수 없게 되었을 때에는 어떤 수단을 써야 하는지, 또 달성했을 경우에는 어떻게 평가해서 월급을 결정할지와 같은 여러 가지 경영 관리나 인재 평가 등에 유용하게 활용할 수 있다. 예산 편성은 예산과 실적을 비교해 봄으로써 비로소 의미가 생기게 된다. 언제나 예산을 의식하면서 행동할 경우 예산을 달성할 가능성이 높아지기 때문이다. 따라서 현실적으로 예산을 편성하는 것이 매우 중요하다고 하겠다.

09 금융기관이 융자해 주기를 꺼리는 회사란?

분식과 대표자의 개인소비는 절대 있어서는 안 된다.

금융기관은 융자해 줄 회사의 상황을 판단한다.

회사는 종종 금융기관으로부터 재무제표의 제출을 요구받는다. 융자를 부탁한 경우에는 더더욱 그렇다. 지금까지 설명한 것처럼 금융기관은 경영 분석을 통해 융자해 줄 회사가 어떠한 상황에 있는지를 하나하나 판단한다.

금융기관이 가장 싫어하는 것은 분식회계와 대표자의 개인소비일 것이다. 분식회계는 절대로 해서는 안 된다(➡ p.76). 제출한 재무제표를 믿고 융자를 해 줬더니 바로 망해 버린다면 금융기관으로부터 절대로 신뢰받을 수 없다.

제대로 된 경영 방침을 제시하며 계속적으로 개선해 나가는 회사에 금융기관이 융자해 주려고 하는 것은 당연한 일이다. 따라서 중·장기적인 비전을 결정해서 전략을 세우고 단기적인 사업계획을 세우는 회사가 되어야 하겠다. 대기업은 물론 중소기업에서도 이런 경영이 요구되는 시대가 온 것이다.

한편, 대표자의 개인소비란 회사에서 융자받은 자금을 대표자가 개인적인 소비를 위해 써버리는 행위를 말한다. 예를 들면, 개인의 별장을 구입하기 위한 비용이나 애인을 위해 사용하는 비용 등이 되겠다. 이 경우 다음 융자를 받을 때 커다란 피해를 입게 되는 것은 명백한 사실이다. 전문가는 재무제표를 보는 것만으로도 여러 가지 사실을 알아낼 수 있기 때문이다.

또한 앞서 말했듯이 금융기관은 경영 분석에 의한 수치적인 분석 외에도 경영자나 사원의 상황, 후계자의 유무, 주주가 안정되어 있는가와 같은 여러 가지 분석을 통해 종합적으로 융자 여부를 판단한다. 커다란 도시 은행은 물론이거니와 특히 중소기업을 상대하고 있는 신용금고나 신용조합 등은 이런 부분까지도 매우 중요하게 생각할 것이다.

회사에 있어서 금융기관은 절대적으로 필요한 거래처이다. 여러 상황이 서로 연관되어 있기 때문에 평소 회사의 상황·방향성 등을 함께 공유할 필요가 있겠다.

10 '회계' 전문가는 어떤 일을 하는가?

⋯▶ '회계사'와 '세무사'의 일은?

∷ 회계사란 어떤 직업을 가리키나?

회계사라고 불리는 주된 직업으로는 공인회계사와 세무사가 있다. 최근에는 글로벌화됨에 따라 미국 공인회계사 자격을 갖고 있는 사람이 활약하는 경우도 종종 볼 수 있다. 지금 시대에 영어능력을 갖고 있으면 그 사람의 부가가치가 올라가는 것은 어느 직종에서나 마찬가지인 듯하다.

공인회계사라는 직업의 주된 업무는 대기업의 결산이 정확하게 이루어지고 있는지를 점검해서 투자가가 그 기업에 대해 잘못된 판단을 내리지 않도록 감사하는 일과 기업의 내부 통제가 제대로 되고 있는지를 점검하는 일이다. 책임이 매우 막중한 반면, 상당히 높은 급여를 받고 있어 일반적으로 사회적인 신분도 높다고 할 수 있다.

세무사라는 직업은 주로 중소기업이나 영세기업의 세무 보고와 회계 지도, 세무 상담을 담당한다. 최근에는 기장 대행 업무나 세무 보고 업무뿐만 아니라 경영 조언과 같은 일도 함께 병행하고 있는 추세여서 중소기업이나 영세기업의 경영자의 좋은 이해자로서의 위치도 확고해지고 있다.

공인회계사나 세무사는 각각 하는 일이 조금씩 다르기는 하지만, 그 어느 쪽도 기업의 발전 없이는 일할 수 없는 직업이다. 회계사는 회계로부터 얻어진 정보를 바탕으로 기업에게 여러 가지 해결 정보를 제공해 주는 중요한 역할을 한다. 어느 쪽이든 기업의 발전을 지탱한다는 막중한 책임과 보람을 느낄 수 있는 직업이라고 하겠다.

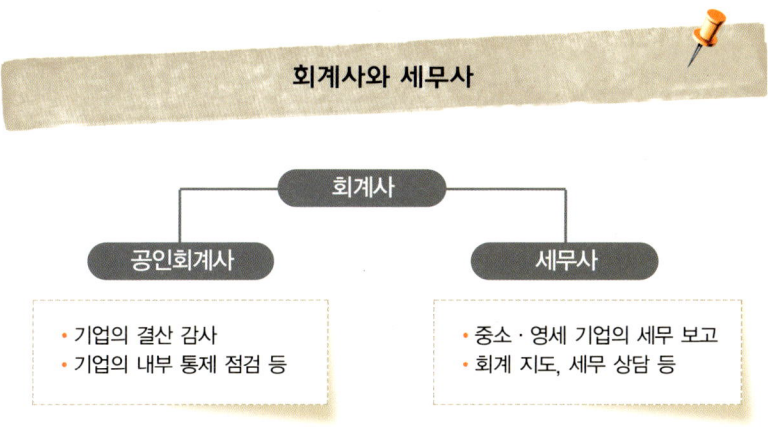

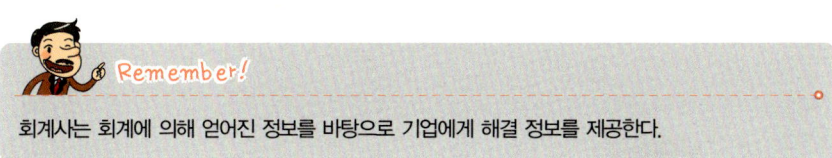

회계사는 회계에 의해 얻어진 정보를 바탕으로 기업에게 해결 정보를 제공한다.

11 부기란 무엇인가?

···▶ 회계의 기본은 부기에서부터 시작된다.

　회계에서 자주 등장하는 용어인 '부기'는 한자로 簿(문서 부), 記(기록할 기) 즉, 장부 기입의 준말이다. 부기란 장부를 기입해서 재무제표(➡ p.56)를 만들어 내는 것을 말한다.
　한국세무사회 및 대한상공회의소가 주최하고 있는 회계 관련 자격증을 취득하면 이력서에 기재할 수 있고, 여러 공무원시험에 가산점을 부여받는다. 또한 이런 부기는 취직을 하거나 사회생활을 할 때에도 폭넓게 응용될 수 있다. 한번쯤 도전해 보는 건 어떤가?
　부기를 알면 회사의 경영 수치의 흐름을 쉽게 이해하게 될 것이다.

부기로 기업활동을 파악한다.

회계의 시험과목

종목	급수	회계원리 (재무회계)	원가회계	세무회계
전산세무	1급	○	○	○
	2급	○	○	○
전산회계	1급	○	○	
	2급	○		
기업회계	1급	○	○	
	2급	○	○	
	3급	○		
세무회계	1급			○
	2급			○
	3급			○

 칼럼 Column

● 시험에 합격하는 비법! ●

학원에 다니는 것은 학습방법과 시험문제의 경향 파악, 모의시험에 의한 연습, 함께 공부하는 동기가 생기는 등 자격을 취득하는 데 있어서 없어서는 안 될 중요한 방법 중 하나이다. 그러나 단지 학원에 다니는 것뿐만 아니라 집에서 철저히 복습을 하는 것도 매우 중요하다. 매일 매일 꾸준히 공부해 나가면 반드시 합격할 수 있다. 또한 시험은 바로 직전에 집중하는 것이 매우 효과적이기 때문에 회사에 다니고 있는 분이라면 큰 맘 먹고 유급휴가 등을 사용해서 시험에 집중하는 편이 좋을 것이다. 그것이 바로 합격으로 가는 지름길이 될 것이고, 도전하는 것에 의해 일에 대한 집중력 또한 향상될 것이기 때문이다. 올해 시험을 볼까 말까 망설이고 계신 분! 지금부터라도 늦지 않았다. 지금 당장 공부를 시작하라!

상식으로 꼭 알아야 할
회사의 회계 이야기

저 자	노구치 쇼고
번 역	PLS
감 수	박용범, 권주형
발행인	신재석
발행일	1판 1쇄 발행 2010년 3월 5일
	1판 2쇄 발행 2017년 5월 30일

펴낸곳	(주)삼양미디어
등록번호	제 10-2285호
주 소	서울시 마포구 양화로 6길 9-28
전 화	02 335 3030
팩 스	02 335 2070
홈페이지	www.samyangM.com

ISBN | 978-89-5897-188-7(03300)

잘못 만들어진 책은 구입하신 서점에서 바꾸어 드립니다.